哲学散步

木田元…………著　　黃千惠…………譯

目錄

contents

目錄

contents

前言

好幾年前，這本書的第一篇〈柏拉圖的埃及之旅〉發表後不久，剛好有個機會與《文學界》雜誌的編輯森正明先生同桌吃飯。他問我：「很多讀者覺得那篇文章很有意思，能否跟您邀稿，就用這樣的風格來寫幾篇文章，在我們雜誌上連載一段時間呢？」

這本書可說就是應森先生的邀稿而寫的。另一方面，我七十多歲時因胃癌開刀，預後不是很理想。那時正在療養，不知何時才能恢復正常生活，心想寫點稿子也許可以轉變心情，這才答應了連載的事。再者，如果每個月都要連載，我這老病之軀恐怕無法負荷，因此拜託森先生讓我隔月連載，一年六次，四年寫完。到去年十二月為止，共寫了二十三篇，只剩下最後一篇了。這已經是上上的成績了。

只是沒想到，最後一篇怎麼也寫不出來。也許是體力衰退太過，精神無法專注，怎麼努力也無法完稿。只好跟森先生告假，放棄寫作了。虎頭蛇尾，很像我一向散漫的作風，不過也還是有打起精神振作的時候。

今年年初我病得無法起床，只要稍微動一下就頭暈，且幾乎喘不過氣，診斷是肺氣腫。因為沒法搭計程車去醫院看診，只好請醫師來家裡看病，連護士也請到家裡，還有居家看護、協助洗澡的專業人員。在他們的照顧之下，我在病床上度過了半年的時光，到最近才覺好了些。後來透過森先生的安排協助，將連載的文章整理完成，終於可以出書。在此要對森先生致上十二萬分的謝意。

本書書稿，大半是將我從別處讀來的有趣軼事整理之後現學現賣，但也有部分後來改弦易轍，決定從以前寫過的文章中轉載過來。（〈悠久之旅〉三篇，就是在新書館的思想誌《大航海》中連載過，在此書中以「間奏」的形式編入書中。在此感謝《大航海》編輯部同意引用。）

我本來的想法是，心血來潮時探入言語的森林，走在稱為「哲學」的步道上，懷想往昔哲人的面容，應該也算人生的一大樂事，但後來似乎沒法把悠久的歷史好好寫完。接下來就要拜託森先生完成後續的工作了。請各位讀者多多指教。

二〇一四年六月　木田　元

第一回
柏拉圖的埃及之旅

從很久以前，我就一直對一件事很好奇：柏拉圖（428/7-347/8 B.C.）有名的「理型論」，到底靈感從何而來？

所謂的理型論，是指免於生滅、永遠不變、恆常存在的，事物的終極真相。比方幾何學中的三角形，是以沒有寬度的線，在純粹二維平面中描繪出來的一種超越自然的存在。這種思考方式就是所謂的理型論。以前學到理型論的時候，我記得有人告訴我它是「希臘式」的思想。

不過，這是錯誤的。古希臘人的觀念其實是「萬物無常、變動不居」，也就是說，他們認為一切事物都是自然而然地生成，並且自然而然地消滅，這就是萬物的本質。阿那克西曼德（Anaximandros, 610-546 B.C.）跟赫拉克利特（Heraclitus of Ephesus, 540-480 B.C.）這些所謂「蘇格拉底以前的思想家」都曾經以「自然」（physis）為題寫過書，可以證明這個思想的傳承。

但這個「自然」，跟自然科學中被視為存在物的一部分的「物質界的大自然」不同。古希臘人說的「自然」，跟日文中的「自然」比較接近，意指事物「原本的存在」、「事物本來面貌」。physis 譯為英語是 nature，在此若借用英語的 nature 來解釋，它是指事物的「本質」，例如「靈魂的本質」（nature of spirit）、「歷史的本質」（nature of history），而非指「自然與心靈」（nature and spirit）或「自然與歷史」（nature and history）這種成對概念中的「自然」。

也就是說，這些思想家所探討的是萬物的本質與真相，而且「自然」（physis）一詞的字根來自表示植物「發芽、生長、開花」的動詞。因此我們也許可以推知他們是以何種方式看待世間一切存有的本質。

代表日本文化最古老思想的《古事記》中記載，日本先民看到萬物皆「如蘆葦幼芽般發芽生長」，便將神的名字叫做「產靈」，取其能夠創生萬物之意。古希臘人的自然觀應該也跟日本先民一樣，都認為萬物是「自生自滅、自開自落」，是一種有機體論的自然觀。

在當時，提出完全不同的觀念，主張萬物之上有個「超越自然的原則」，並以這個「超越自然」的思考模式來探討一切的，就是柏拉圖。

根據柏拉圖中、後期的對話錄《理想國》（*Republic*）與《蒂邁歐篇》（*Timaeus*），免於生滅、永遠不變的「理型」，是由「本質創造者」之神所創造。例如，當製作桌子的工匠要做一張桌子時，是以靈魂之眼凝視著桌子的「型」，再用材料將它的形狀呈現出來，做成現實中個別的桌子。在此萬物都不再是「自然生成的」，而是被視為「製作出來的」，因此「自然」也就被當成為了製作物品而可以取其生命以資利用的材料或質料（這是物質式的自然觀）。

柏拉圖的學生亞里斯多德（Aristotle, 384-322 B.C.）在著作《形上學》（*Metaphysics*）中，也佐證了柏拉圖確實只以「型」與「材料」這兩個原則來思考。但嚴格說來，如果想要只用這兩個原則來把握一切存在的結構，事實上只有在探討「製造出來的東西」時才說得通。怎麼說呢？你要如何判斷一棵高聳的橡樹是「型」，還是「材料」？根本就行不通。

在《蒂邁歐篇》中，柏拉圖提出他的宇宙論，認為就連宇宙，或是這整個世界都是創造萬物之神所創造出來的。

柏拉圖的思想，對當時的希臘人來說非常異質，連亞里斯多德都說他老師的思想很有「異國風情」。

至於柏拉圖這種思想從何而來，若從最初提出理型論的對話錄《斐多篇》（*Phaedo*）來推測，直接來源應該是畢達哥拉斯教派（Pythagoras），但我覺得這個證據過於薄弱。

只要看看《蒂邁歐篇》的世界創造論，就會明白它受到猶太人創世神話的影響有多深，但令我驚訝的卻是，竟然很少人提到這一點。

其實，在古希臘哲學史學家第歐根尼·拉爾修（Diogenes Laertius）的著作《哲人言行錄》（*Lives and Opinions of Eminent Philosophers*）中就已經記載，柏拉圖在老師蘇格拉底被處死之後，就踏上歷時近十年的壯遊，當時他年約三十。這次旅途中，他的確到過義大利訪問畢達哥拉斯教派，但在義大利之行的之前和之後，他還兩次渡海到埃及北岸希臘人的殖民都市昔蘭尼（Cyrene）。這麼說來，他在昔蘭尼一帶接觸到猶太思想的可能性很高。可惜《哲人言行錄》成書於公元三世紀左右，距離柏拉圖的時代有點久，這個證據不見得可信。

不過，十九世紀的瑞士歷史學者布克哈特（Jacob Burckhardt, 1818-1897）在《希臘文化史》（*Griechische Kulturgeschichte*, 1872-1885）一書中確認了柏拉圖造訪過埃及，身為語文學學者的尼采（Friedrich Wilhelm Nietzsche, 1844-1900）也在《偶像的黃昏》（*Götzen-Dämmerung*, 1889）一書中寫道：「這個雅典人在埃及人（或者是在埃及的猶太人？）之處修行，可能到了很高的境界」，暗示柏拉圖受到猶太思想的影響。

柏拉圖死後沒多久，托勒密王朝繼承了亞歷山大大帝（Alexander the Great, 356-323 B.C.）版圖及其遺志，將首都設於尼羅河口的亞歷山卓港。這是一個國際大都會，希臘人與猶太人在數量上各占總人口的三分之一，《舊約聖經》就是在這裡譯成希臘文（所謂的「七十士譯本」），約完成於公元前一世紀。

不久，公元一世紀時，出身亞歷山卓猶太世家的思想家斐洛（Philo）同時鑽研希臘文的《聖經．創世紀》與《蒂邁歐篇》。接著，三世紀時在亞歷山卓提倡新柏拉圖主義的普羅提諾（Plotinus, 204/5-270 B.C.）延續了這份研究，終於在五世紀時由神學家、哲學家奧古斯丁（Augustinus von Hippo, 354-430）集其大成。

柏拉圖主義就這樣與基督宗教完美地結合為一。基督宗教從柏拉圖主義得到了理論基礎，柏拉圖主義則藉基督信仰傳播之力廣為人知。此後，兩者相輔相成，不但形塑西方文化的藍圖，更孕生了現代科技文明。

據說，後來的基督宗教聖職人員曾說，明明當初柏拉圖曾經近在咫尺，卻沒人替他進行洗禮，真是太可惜了；尼采也曾說過：「基督宗教是給大眾的柏拉圖主義」。確實，兩千年來這兩者的結合可說是天衣無縫，但我不知為何就是覺得，柏拉圖其實打從一開始就已經跟猶太思想有所接觸。

此後，這種認定「有一超越自然的原則」的思考模式便廣為流布，這個超越自然的原則有「神」、或「理性」、或「靈魂」等等各種不同名稱。再加上物質式的自然觀，將自然僅僅視為製造物品時可以取其生命的材料，這兩股力量共同塑造了西方文化。十九世紀時，尼采稱這種文化是虛無主義（Nihilism），藉由宣告「上帝已死」判了超越自然原則死刑。他藉著「權力意志」之名，企圖奪回古希臘早期自然觀的地位、扭轉西方文化的發展方向，將自己的思想工作稱為「逆轉柏拉圖主義」。

不過許多人認為，尼采攻擊柏拉圖，把他當成自己最大的仇敵，但其實他非常嫉妒柏拉圖。柏拉圖固然是自然的背叛者，從史上流傳下來的許多對話錄中卻可以看出這個高個子其實很有意思。

他本名亞里斯多克勒斯（Aristokles），名留青史的稱呼「柏拉圖」反而是綽號，這個字在希臘文中是「平坦、寬闊」的意思。我光是在腦中想像他在埃及旅行，寬闊肩膀上披著希臘式白長袍在太陽下揮汗趕路，或是像觀光客一樣坐在駱駝背上徐徐前進，就覺得非常有趣。至於像《第七書簡》（*Epistle VII*）這種記載了他義大利之旅、能當成他去過埃及的證據的資料，現在我就暫時不擔心是否找得到了。

第二回
恩培多克勒的涼鞋

日文中的「哲學」[1]一詞，乍看之下很難理解是什麼意思。這個詞是從希臘文 philosophia 翻譯來的，最早是公元前五世紀蘇格拉底將動詞 philein（愛）跟名詞 sophia（知識）結合在一起所創造出來的抽象名詞。這詞原意為「喜愛知識」，也就是「愛智」，意義非常巧妙。他的弟子柏拉圖，以及柏拉圖的弟子亞里斯多德沿用了這詞，雖然在意義上有相當大的變化，但是經過這三代的承襲，philosophia 一詞已經在希臘文中正式確定下來。

這麼說，在蘇格拉底之前應該是沒有「哲學」的。不過一般的哲學史

1 譯註：日文的「哲學」一詞即表記為漢字「哲學」，中文「哲學」一詞譯法乃從日文而來。

都會從蘇格拉底之前一百五十年，也就是公元前七世紀末時主張「水是萬物的基本元素」的泰利斯（Thales, 624-546 B.C.）開始寫起。到蘇格拉底為止，包含阿那克西曼德、赫拉克利特、巴門尼德（Parmenides of Elea, 500 B.C.-?），甚至比蘇格拉底年輕的德謨克利特（Democritus, 460-370 B.C.），至少會記載將近二十位思想家。

二十世紀的思想家海德格（Martin Heidegger, 1889-1976）認為這些古希臘人的思想，比起「哲學」應該是「更偉大的思索」，屬於「思想的另一層次」。這種說法實在有點故弄玄虛，但這些古希臘人也確實很難稱為「哲學家」，那麼到底該怎麼稱呼他們才好呢？

一八二〇年代黑格爾（Georg Hegel, 1770-1831）晚年時，舉辦了許多次「哲學史講座」。第一堂講座，他試著區分古希臘史的時代，將最早期命名為「從泰利斯到亞里斯多德」，可見他將最早期的這些思想家視為「亞里斯多德之前的哲人」。

但尼采的看法不同。一八七〇年代初，到瑞士巴塞爾大學任教不久的尼采還是個年輕的語文學學者，剛寫完觀點獨特的悲劇發展史《悲劇的誕生》（*Die Geburt der Tragödie aus dem Geiste der Musik*, 1872）。乘著這份創作的勁頭，他一邊投入姊妹作《古希臘悲劇時代的哲學》（未完成），一邊開設「柏拉圖之前的哲學家」講座，當時的課程筆記到現在還保存著。由課程名稱可知，尼采認為古希臘最早期的思想家應該是「柏拉圖之前的哲人」。

到了二十世紀初期，德國語文學學者赫爾曼・迪爾斯（Hermann Diels, 1848-1922）出版了《前蘇格拉底殘篇》（*Die Fragmente der Vorsokratiker*, 1903），將這個時期的哲人稱為「蘇格拉底之前的哲人」，此後這個稱法就固定下來了。

在不同稱法的背後，我們可以看出提出這些稱法的人，其哲學觀有何差異，也可以看出他們對古希臘最早期的思想的各自看法。不過本文並不打算探討這些，在此為了方便起見，暫且就稱之為「蘇格拉底之前的哲人」。

這些哲人的共通點，一是他們皆非出身希臘本土。有的出身於當時稱為愛奧尼亞（Ionian）的地區，有的來自所謂的大希臘（Magna Graecia）

地區，亦即今日的南義大利和西西里島等處。另一共通點則是，他們的著作沒有一本完整保留下來，只剩下保留在他人文集裡的引用片段，後世研究者只能從這些斷簡殘篇推測他們的思想。

那麼，在這些「蘇格拉底之前的哲人」中，誰是最知名的呢？流傳下來的殘篇最多、提出「萬物皆流」、「戰爭是萬有之父和萬有之王」等名言的赫拉克利特應該當之無愧。不過，我倒認為恩培多克勒（Empedocles, 493-433 B.C.）更值得一談。他的一生實在太戲劇化了。

恩培多克勒出生於西西里島南岸的大都市阿格理真托（Agrigento），他在家鄉被視為提倡民主的政治家，在鄰近地區則被奉為控制了傳染病的名醫，還被當成預言家，甚至是能施展奇蹟的魔術師。

在大希臘地區非常興盛的畢達哥拉斯教派對恩培多克勒有很大影響，據說他也是巴門尼德的弟子，不過恩培多克勒後來還是發展出自己的觀點。他曾寫下《論自然》（*On Nature*）、《淨化》（*Purifications*）兩篇長詩，加起來有五千行之多；他還提出「萬物的四個根源是地、水、火、風」，而這四個根源則依據「愛」與「恨」兩個原則聚合離散，他用這觀點來解釋世上發生的一切。

三世紀前半葉出身基利家省（Cilicia）的哲學史學家拉爾修在《哲人言行錄》中寫道，恩培多克勒身披暗紅色罩袍，腰繫黃金腰帶，頭纏紫色緞帶，戴著一頂華麗的月桂樹花冠，腳穿青銅涼鞋，面容莊嚴，在大批信徒和陪同的少年簇擁下緩步前行，宣稱「我不是以短命凡人的身分，而是以神的不死之身，走在你們中間」。

恩培多克勒行過許多不可思議的事蹟。例如治療已經被醫生放棄的女病患，讓她起死回生；或是為了遏止因河川上的瘴氣所引起的傳染病，他把自己的錢丟入河中，改變了河水的流向，因而抑制了疫情。據說，在慶祝奇蹟的慶功宴當晚，他在宴會結束後動身前往埃特納火山（Etna），跳進火山口。他這麼做，是為了證明自己已經成神，能從火焰中復活重生。但結果，從火焰中噴出來的只有他的一隻青銅涼鞋。

不管他是醫師或魔術師、是政治家還是宗教家、是詩人還是思想家、是神明還是江湖術士，恩培多克勒都是一個傳奇性的歷史人物。後世有位德國詩人為他傾倒不已，這位詩人叫做荷爾德林（Friedrich Hölderlin, 1770-

1843）。荷爾德林命運多舛，在十八、十九世紀之交發表了許多天才式的創作，下半生卻有三十年的時間被發瘋的陰影所籠罩。他以恩培多克勒為主角構思篇幅宏大的悲劇，可惜最後沒完成，倒是留下了相當多草稿。

荷爾德林最早於一七九七年著手撰寫這部悲劇，但隔年讀過拉爾修的《哲人言行錄》之後，遂於一七九九年動筆修改為二稿「恩培多克勒之死」，接著又修改為三稿「埃特納火山上的恩培多克勒」，最後還是沒寫完。這部悲劇雖然沒完成，卻獲得很高的文學評價，傳誦至今。

不多久，一位十七歲的少年讀了這部悲劇，終生受到深刻影響，那個人就是尼采。他在荷爾德林死後的隔年出生，簡直像這位詩人轉世。當時尼采就讀於普夫達（Pforta）中學，他在一篇書信形式，日期為一八六一年十月十九日的作文中如此寫道：

> 這麼說來，你真的不知道這齣如此重要的悲劇《恩培多克勒》。在他憂傷滿溢的文字旋律中，迴響著詩人永恆瘋狂的結局。你以為它充斥曖昧的言語，其實絕非如此，它的語言極度純粹，風格宛如索福克里斯

（Sophocles, 496-406 B.C.，希臘悲劇劇作家），充滿了無限深遠的思想。

這個年紀的尼采，已經看出荷爾德林完美地表現出「恩培多克勒的死是發自神明的榮耀，展現對人類的輕蔑，是出於對世間的厭倦，是起因於泛神論」，並給予這部未完之作極高的評價。尼采的重要著作《查拉圖斯特拉如是說》最初是以恩培多克勒為主角，而且書中還引用了無數荷爾德林《恩培多克勒》一劇中的句子。看來，尼采也是恩培多克勒的熱情擁護者。

在日本，作家芥川龍之介在給友人久米正雄的遺書《給某舊友的手記》的附記中如此寫道：

我讀了恩培多克勒的傳記，發覺人想要變成神的欲望，真的是自古以來就有了。我的手記在我所知範圍內，沒有認為自己是神的文字。不對，應該說，我寫的都是把自己當成極為平凡的一個凡人。你應該還記得二十年前我們在菩提樹下討論《埃特納火山上的恩培多克勒》吧？那時候，我還是想要變成神的人之一。

那是《哲人言行錄》還沒有日文譯本，大家都還很熱中於閱讀英文譯本的年代。

說到這裡，想起另一件事。有句諺語叫做「恩培多克勒的涼鞋」，跟他死於埃特納火山的典故有關，但我始終不清楚這句諺語到底是什麼意思。

上網查了一下資料，發現有兩本書跟這個諺語有關，分別是庄司薰的小說《小紅帽，要小心！》（『赤頭巾ちゃん気をつけて』，中央公論社，1969）跟丹生谷貴志的評論集《屍體就該丟出窗外》（『死体は窓から投げ捨てよ』，河出書房新社，1996）。我把書找來看，才知道他們認為恩培多克勒是在跳進火山口前刻意把涼鞋留下來的，所以他們將這句諺語解讀為自殺的隱喻。這意思跟《哲人言行錄》所描述的不同，也許他們別有根據。但在《小紅帽，要小心！》小說中，火山的名字甚至不是埃特納而是維蘇威。我想，把小說人物的對話當真，大驚小怪起來，才比較奇怪吧。

我認為這句諺語比較像「雷聲大雨點小」，是對一開始大發豪語要以神明之身復活，結果復活的只有一隻涼鞋如此悲涼結局的揶揄。但回頭一想到荷爾德林跟尼采對這故事是這麼認真嚴肅，我對自己的詮釋又不禁起了幾分心虛。

第三回
蘇格拉底的諷刺

在與辯士學派的辯論當中，蘇格拉底（Socrates, 470-399 B.C.）是不可能落敗的。勝負的結果，關係到城邦的存亡，因此必須站在絕對不敗的立足點。這個立足點，就是「愛智」。

根據蘇格拉底的定義，「愛好知識者」跟「辯士」不同，他們很知道自己對什麼是無知的。正因如此，他們對自己所欠缺的知識求知若渴。因為一開始就標榜自己的無知，他們在跟辯士的辯論中沒有義務回答任何問題。非回答不可的，反而是辯士們。愛智者只需要探討、研究他們的答案就好了，完全不必擔心會失敗。但，問題出在他們的辯論方式。

比方在柏拉圖的著作《理想國》[1]第一卷中，描寫了蘇格拉底與辯士特

1 譯註：以下譯文採侯健譯本，聯經出版。

拉西馬庫斯（Thrasymachus, 459-400 B.C.）辯論「什麼是正義」的場景。

在這場辯論中，蘇格拉底連珠砲似地問個不停，特拉西馬庫斯[2]卻一句話也插不上，最後他忍不住大發雷霆，破口大罵：

蘇格拉底呀，你們這些人發的是什麼瘋？你們這些糊塗蟲，為什麼要互相朝對方低頭？我覺得如果你們真要知道正義是什麼，就該不單要問，而且要答。你們想掙面子，不應當僅僅駁倒對手，還要有自己的答案。

這時候蘇格拉底正在跟對手辯論「正義就是強者的利益」，他用這種辯論法是為了抓對方的語病，讓對手自曝其短。這種辯論法可以說有點狡猾，當時的雅典市民稱之為「蘇格拉底的反詰法」。我們繼續看剛才引用的片段：

完全是蘇格拉底的老套——你那套說反話的本領。我不是已經預見、已經告訴過大家，別人無論問他什麼，他都會拒絕答覆，卻要用反話或者別的支吾辦法，來避免答覆麼？

在此處的「說反話的本領」，古希臘語是eironeia，在現代歐美語言中保留了下來。在德語為ironie，在英語為irony。在日文中，通常譯為「諷刺」[3]。

因此，如果把前述《理想國》的引文改為「完全是蘇格拉底的老套——你那套說**諷刺話**的本領」應該也是行得通，不過現在日文譯文中有的譯為「裝傻」[4]，有的譯為佯裝不知[5]。古希臘文eironeia似乎沒有「諷刺」這種稍帶負面的意思，最多只是對已經知道的事情裝作不知道，也就是「假裝不曉得」、「偽裝」的意思而已。

但是，被翻譯成「諷刺」的現代德語ironie，有更為複雜的語義。說

2 譯註：聯經版譯為傅拉西麻查斯。
3 譯註：原文為「皮肉」。
4 譯註：原文為「空とぼけ」。
5 譯註：原文為「しばらくれ」。

得更徹底一點，將一道嶄新光芒打在蘇格拉底問答法上的，是十九世紀初期由施勒格爾（Karl Wilhelm Friedrich Schlegel, 1772-1829），或是黑格爾，抑或是齊克果（Søren Aabye Kierkegaard, 1813-1855）所創始的德國浪漫派。

確實，「裝傻」的本領與所謂的「偽裝」，也就是心口不一，含有「諷刺」的意味。比方說，對一個明明沒讀書，卻裝作很懂的學生，我在心裡想要整他，嘴上卻說：「從來沒遇過像你這麼博學的學生，簡直可以直接到大學教書了呢。」如果我這麼說，就是一種諷刺了。

齊克果也在《諷刺的概念》（*On the Concept of Irony with Continual Reference to Socrates*, 1841）一書中說道：「一般而言，諷刺的通則是顯示在外的並非內在本質，而是本質的相反。」但說謊也有一樣的結構。到底說謊跟諷刺有什麼不同呢？

說謊也有內與外的矛盾。但是說謊時，我們會希望對方不要發覺這份矛盾。如果被發現，就是笨拙的謊言了。

但在諷刺的時候，我們卻希望對方一定要發現這份矛盾。以前面所舉的學生的例子而言，如果學生聽了，把字面的意思當真，那麼諷刺就不成立了。當我想要諷刺別人，我會期待對方發覺我的話跟我內心真實的想法有出入，接著否定我所說的話，進而看出我真實的想法。

語出諷刺的人存在著內與外的落差，那麼被諷刺的人，又是如何呢？其實我們不會隨便諷刺人，就算是剛才那個學生的例子吧，也還不到令我遇見內外矛盾的人時想要立刻出言諷刺的程度。

其實，當被諷刺的人沒有察覺到自身的矛盾時，諷刺者就要原封不動地接受對方所展現的表象，然後靠自己有意識地將這份矛盾再現出來，或者應該說，誇張地再現出來，讓對方明白自身的矛盾。

然後，對方就會想：「唉呀，我不懂裝懂，竟然被老師說可以去大學教書，看來是被識破了。」這麼一來，就否定了外在的現象（語言），逼近了內在的本質（真意）。同時他也意識到自己內在的矛盾，連自己也否定了自己外在的現象，然後回歸到內在的本質。這就是諷刺的效果。

這麼說來，諷刺也可是一種教育方法。尼采曾這麼說：

> 佯謬（ironie）[6]——只有作為教師在與各種學生打交道的一種教育手段，佯謬才會使用得當。佯謬的目的是貶低和羞辱，但是必須有利於治病救人，能喚醒善心，使我們尊敬和感激如此對待我們的人，如同尊敬和感激醫生。佯謬者作無知狀，而且如此逼真，以至於和他談話的那些學生受了迷惑，竟然真以為自己懂得更多，所有弱點便暴露無遺了，因為他們喪失了警惕，顯出了原形，——到最後，他們照著老師的火光反射到他們自己身上，使他們受到莫大的侮辱。——倘若沒有類似師生之間的關係，佯謬就是一種惡習，一種卑鄙的情緒。——《人性的，太人性的》（*Menschliches, Allzumenschliches*, 1878），第六章三七二節[7]。

我們可以把蘇格拉底的諷刺，當成是對辯士的一種教育手段。亦即，蘇格拉底也是佯裝無知，對辯士提出問題，將辯士的回答深思探究一番之後找出矛盾處，讓他們覺察到自身的無知，啟發他們對真知的愛。

但並不是到這裡就把問題都解決了。如果蘇格拉底真的是佯裝無知的諷刺家，那他內心一定擁有真正的知識。原本就無知的人，是沒辦法佯裝無知的。這麼一來，他所擁有的「真正的知識」到底是什麼，反而是個問題了。

如果蘇格拉底擁有這樣的知識，在問答結束、辯士承認自己無知的這個階段時，他就應該把這知識教給他們。但根據較能如實傳達這位古代大師的柏拉圖初期諸篇對話錄記載，事實似乎不是如此，結論經常是否定的。

因此，蘇格拉底是否其實內在也是無知的，我們是否就該按照他的自白，接受他真的是無知的，歷來學者對此一直存疑。如果他真的無知，那麼這些諷刺就不成立了，黑格爾在《哲學史講義》（*Vorlesungen über die Geschichte der Philosophie*, 1837）中差不多就是這麼認為。可是，無知之人，為什麼有能耐考察別人的知識呢？

他有可能在內在為無知的狀況下，同時又能夠出現諷刺的言行嗎？

猶如先前所述，諷刺是一種將外在現象視為假象，透過否定這份假象

6 譯註：即上文所說的諷刺。

7 譯註：此處譯文採魏育青譯本，華東師範大學出版社出版。

以返回真正本質的行為。但如果我們連這個所返回的本質都視為假象再次否定，這個否定就會不斷重反覆，變成無限迴圈了。

蘇格拉底的對手，雖然透過他的諷刺，被迫回頭正視自己內在的真相，但一定也同時想辦法要戳破蘇格拉底外在的偽裝，找出他的真相。但若在此時，蘇格拉底連這個「真相」也視為假象棄之不顧，繼續無限後退的話，會發生什麼事？如此一來，恐怕最後擊沉的不是對手而是自己，他將失去自己所有的知識和信念，置身於虛無的不安中。

有人認為，蘇格拉底諷刺真正的目的，大約就是這樣無限否定，也就是單純為了否定而否定。也許是有預感自己將站在巨大的歷史轉捩點上吧。

不過，這種否定的行為一旦停止，就會前功盡棄。所以他才不斷到處奔走，這只有像蘇格拉底這樣的偉人才辦得到。以蘇格拉底為師的德國詩人施勒格爾，在見到浪漫主義諷刺藝術最高境界之後立刻改信天主教，近代日本擅長諷刺的頹廢派小說家太宰治最後則是以自殺逃離塵世。因為，諷刺家要活下來，著實大不易。

第四回　亞里斯多德是忘恩負義之徒？

像亞里斯多德這樣評價隨著時代而改變的哲學家很少見。十三世紀以降，尤其是在天主教哲學圈內，用拉丁文講「那位哲學家」時就是指亞里斯多德，由此可見對他的推崇。而文藝復興時期之後，亞里斯多德的形象就像拉斐爾的「雅典學院」畫中所描繪的，是位與柏拉圖並列而毫不遜色的偉大學者。但是在此之前，卻未必如此。

尤其，在古代的傳承中，大體來說對亞里斯多德的評價不佳。拉爾修在《哲人言行錄》中批評亞里斯多德「講話常咬字不清，好像大舌頭」、「兩腿細細的、眼睛小小的，每天穿著華麗的衣服，手上還戴著戒指，頭髮剪得很短」，從相貌到服裝打扮，沒一處放過。

有一本書《雜文軼事》（*Historical Miscellany*, 1545）記載了很多古代

的奇聞軼事，作者是公元二世紀的羅馬學者埃里亞努斯（Claudius Aelianus, 175-235）。他在書中寫道，亞里斯多德的老師柏拉圖看不慣他的服裝和生活態度。

> 亞里斯多德太注重打扮，花太多心思在衣服鞋子上。他的髮型也不討柏拉圖的歡心，手上常戴著好幾個戒指，簡直像在炫耀似的。而且亞里斯多德臉上總一副瞧不起人的表情，一天到晚都很長舌。這個人的個性，無論怎麼看都不像哲學家。

可見，古代人公認亞里斯多德並不是崇高偉岸的大人物，而是弱不禁風的短腿男、瘦竹竿、瞇瞇眼，一臉寒酸，卻偏喜歡打扮得很派頭，話很多可是中氣不足，有點大舌頭，恐怕連教課都沒法好好教。當時甚至有人認為他是「忘恩負義之徒」。這又是怎麼一回事？

亞里斯多德是愛奧尼亞裔的希臘人，但他出生於斯塔基拉（Stagira），地中海西北岸的小小半島哈爾基季基半島（Chalcidice）東北部的小城，當時是馬其頓帝國的屬地。亞里斯多德父親是馬其頓國王阿明塔斯三世（Amyntas III, ?-370 B.C.）的宮廷御醫，這位國王就是後來的亞歷山大大帝的祖父。因此，亞里斯多德的童年是在馬其頓王國的首都佩拉（Pella）度過的。但他雙親早逝，後來由親戚帶到小亞細亞去扶養。

十七歲時，亞里斯多德據信是在親戚推薦下，進入柏拉圖所主持的雅典學院就讀，那時柏拉圖已經六十多歲。亞里斯多德應該有父母的遺產與親戚支持，才付得起昂貴的學費和生活費。書本（當然是手抄本）也是想買就買，身上的行頭應該也是想要就有。據說柏拉圖相當讚許他的好學，但對他太愛漂亮則是頗有微詞。

在公元前三四七年柏拉圖過世前，亞里斯多德在學院待了二十年，被柏拉圖稱許為「學校的精神」，可以說是得到了其師的真傳。但他在老師還活著的時候就離開學校，也被後人批評，老師已是風中殘燭了，這麼做實在忘恩負義。

根據《雜文軼事》作者描述，亞里斯多德在同門師兄弟色諾克拉底（Xenocrates, 396/5-314/3 B.C.）不在老師身邊時，帶著一伙人去找老師，登門踢館。那時柏拉圖已經高齡八十，記憶力不佳了，還被亞里斯多德一干人連珠砲似地逼問了一連串問題，讓他苦不堪言。拉爾修也在《哲人言行錄》中寫著柏拉圖說：「亞里斯多德把我一腳踢開，就這麼走了。就像小馬把生下牠的媽媽踢開一樣。」

但是上述這些傳聞，不知有幾分可信。因為他日後自己創設的呂克昂學院（Lyceum）與柏拉圖的學校雖是敵對關係，但卻教導一樣的學說。不過話說回來，會產生這種「忘恩負義」的傳言，亞里斯多德自己也得負幾分責任。他在《尼各馬可倫理學》（*Ethica Nicomachea*）第一卷第六章中批判柏拉圖的理型論，章首寫道：

但關於「共相的善」，我們恐怕要重新思考；我希望探討清楚我們能否明白說出要在什麼意義上來重新思考「共相的善」。更重要的是，因為提出「本體論」（eidos）的是吾人非常親近的人士，這種討論對吾人而言毋寧是一件艱難的工作。然而儘管如此，為了拯救真理，就算是親近之人所提倡的學說，還是必須捨棄。或許應該說，吾人被認為有義務捨棄。如果吾人愛好知識，更應如此。何以這麼說？不論對方與吾人如何親近，吾人更應以虔誠之心重視真理。

我稍微畫蛇添足說明一下，所謂「共相的善」是指「理型的理型」，意即最高的理型，也就是善的理型。「本體論」即是「理型論」。也就是說，不管在什麼樣的意義上討論理型論，都代表著想要檢視理型論這個學說；而提出理型論的偏又是他親近的老師或友人，因此對理型論加以批判性的檢視，就成了一件「艱難的工作」。但是，作為哲學家，一個「愛好知識的人」，真理比至親的友人更為重要，因此他才說明知其難也要勉力為之。他認為，為了真理，就算背叛老師或朋友，也是沒辦法的事。也因此，他必定有所覺悟自己會被貼上「忘恩負義」的標籤。

古代人對亞里斯多德的惡評還不止於此。當時在馬其頓帝國占領之下，許多人對雅典仍有根深柢固的懷念，亞里斯多德也曾幫助過這些反馬其頓的勢力，但後來事態有了轉變。

根據一般的說法，亞里斯多德於公元前三四七年柏拉圖過世那年離開雅典，到過去的同學赫米阿斯（Hermias）統治下的小亞細亞的阿索司（Assos）協助處理國政。他在這裡生活了三年，還娶了赫米阿斯的姪女為妻。但不幸的是赫米阿斯被波斯刺客暗殺，亞里斯多德連忙逃往位於阿索司對岸的列斯伏斯島（Lesbos）上的米蒂利尼（Mytilene），並在此過了兩年的逃亡生活。公元前三四二年，受到馬其頓國王腓力二世邀請，他出任當時十四歲的王子亞歷山大的宮廷教師，於是命運有了巨大轉變。這位王子性格狂暴，誰也拿他沒辦法，但亞里斯多德似乎抓住了他的心。

一直到公元前三三六年腓力二世被暗殺，二十歲的亞歷山大大帝登基為止，亞里斯多德一共教導他七年。據說亞里斯多德在亞歷山大資助（八百古希臘幣，約相當於現在的四百萬美金）下回到當時仍在馬其頓治下的雅典，在雅典東郊祭祀呂刻俄斯的阿波羅（Apollo Lyceus）神廟區域內設立自己的學校呂克昂學院，在此展開教育與研究事業。

但由於亞里斯多德在雅典是「長期居留的外國人」，他取得的私有財產無法被政府承認，這個學院在法律上的擁有者可能是其他人。亞里斯多德經常在神廟附近的步道上一邊散步一邊講課，因此他的學派又被稱為

「逍遙學派」（Peripatetic）。

呂克昂學院中收藏的書籍資料，在後來埃及托勒密王朝建造當時「世界最大的圖書館」亞歷山卓圖書館時，得到妥善的收藏與整理。

亞里斯多德的學生亞歷山大大帝遠征北方和東方，打下大片江山，攻無不克，卻在登基十三年後的公元前三二三年時突然由於不明原因的高燒而病逝於巴比倫。消息傳開，雅典演說家狄摩西尼（Demosthenes, 384-322 B.C.）立刻發起推翻馬其頓的運動，這時與馬其頓王朝親近的亞里斯多德便成了眾矢之的。

因為之前宣判蘇格拉底死刑一事，雅典市民對哲學犯下罪行。亞里斯多德以「不想讓雅典市民再次犯下褻瀆哲學之罪」這個冠冕堂皇的理由，逃往母親娘家尤比亞島（Euboea）的加爾西斯（Chalcis），隔年因胃病宿疾而辭世，享年六十二歲。如此看來，雅典人真的不喜歡亞里斯多德，雖然也許原因之一是他是外國人。跟老師柏拉圖墓前的石碑刻著「他不朽的靈魂與神同在」這般尊崇的待遇比起來，亞里斯多德獲得的評價實在很糟。

不過呢，西方和東方不同，西方哲學家不像東方儒家學者，不會被要求必須品德高尚，為眾人愛戴、尊敬、憧憬，也就是說不會被要求「知行合一」。我長年鑽研海德格，這位思想家的個性很惹人厭，讓我一直很困擾。但這並不會讓我在讀他的著作時，對他的思想之強韌深遠有所懷疑。

思想與人格之間的關係，可以另起一個話題擇日再談，不過我最近想對因海德格的人品而對其思想有所非難的人，反問一個問題：若一個哲學家每天笑臉迎人、個性溫和、廣受愛戴，卻提出了足以顛覆世界的思想學說，這種事有可能嗎？我想，若是使用這個反問來為亞里斯多德辯護，應該也是成立的。

第五回
書本的命運：又來了嗎？

前一回主題是亞里斯多德的評價隨著時間而有巨大改變，在公元紀年前後，他的評價突然水漲船高，可能是因為當時出現了許多普及易讀的亞里斯多德著作。這段時間的事情，在許多書刊上都有記載，現在再寫一筆似乎有點多餘，但最近學界出現了一些與傳統說法不同的論點，因此我想在求證的同時，也把四處讀來的資料整理一番，介紹給讀者。

亞里斯多德在生前就已經將自己的著作公開發行，在公元紀年前後能讀到的，應該就是下列作品。公元三世紀上半葉，拉爾修在《哲人言行錄》第一章中列舉了亞里斯多德一百四十三本（一說為一百四十六本）著作的標題，包括他還在雅典學院時跟老師柏拉圖之間的對話錄；隨手寫成的書信體文章；再加上他在自己後來開設的學校呂克昂學院中的研究紀錄等等。

這些著作今日大部分都佚失了，但從這份名單可以得知，公元三世紀時讀得到的亞里斯多德著作仍是原來流傳的那些書卷。

另一方面，我們現在讀到的「亞里斯多德全集」卻完全沒有前述那些作品。前述作品是所謂的「一般公開著作」，後者則是「給學生上課用的講稿或草稿」。亞里斯多德死後，這些講稿和草稿一度埋沒，在很長一段時間後才重見天日。

根據公元元年前後的地理學者斯特拉波（Strabo, 64 B.C.-23 A.D.）所著的《地理學》（*Geography*），以及同年代的書籍《希臘羅馬名人傳》（*The live of the Noble Grecians and Romans*）中的〈蘇拉〉（Sulla）傳，當時的情形大致如下。

如同前一章所述，當公元前三二三年亞歷山大大帝的死訊從巴比倫傳到雅典，雅典的反馬其頓運動立刻風起雲湧，親馬其頓勢力的亞里斯多德為了躲避政治迫害逃往母親的故里尤比亞島。

據說他離開時把呂克昂學院的資產和手邊的草稿交給既是摯友也是學

院第二任校長的德奧弗拉圖斯（Theophrastus, 372-286 B.C.）保管。德奧弗拉圖斯臨死前，把亞里斯多德這份手稿跟自己的手稿託給友人內羅烏斯（Nereus），內羅烏斯又把手稿帶回位於小亞細亞的故鄉，特洛伊附近的司凱普西司（Skepsis）。內羅烏斯死後，他的後代把手稿藏在地窖中，就這麼遺忘了一百五十年之久。

這段時間，正是當時統治者歐邁尼斯二世計畫建造一座大圖書館，大肆蒐羅書卷的時期。為了跟托勒密王朝分庭抗禮，他看托勒密王朝在亞歷山卓港建造大圖書館，也想在自己的城邦帕加馬城（Bergama）建造一座足以匹敵的偉大圖書館。這些手稿因為被遺忘在地窖裡，得以躲過阿塔羅斯一世的眼目。

到了公元前一世紀，這批已經損毀嚴重的手稿偶然被人從地窖中發現，被出身小亞細亞特奧斯（Teos）的愛書商人阿培利肯（Apellicon, ?-84 B.C.）收購，再度帶回雅典。

但不久，公元前八十六年，雅典城被羅馬將軍蘇拉攻破，遭到洗劫。不過蘇拉將軍本身也是文人，熱愛文藝，因此他在公元前八十四年將阿培利肯的這些藏書和草稿運回羅馬。

亞里斯多德的手稿運到羅馬後，先由當時人在羅馬的逍遙學派藏書大家提拉尼翁（Tyrannion of Amisus）整理，接著又經過呂克昂學院末代校長羅德島的安德羅尼哥斯（Andronicus of Rhodes）之手編纂，在公元四十年到四十三年左右，終於以著作文集的形式在羅馬公開發行。這時的內容已經很接近我們現在看到的樣子了。

當然，歷史上有一段時間可以同時讀到舊著作和新文集，但學者很快就把注意力放在「給學生上課用的講稿或草稿」上，只鑽研新文集讓以前的著作幾乎散佚殆盡了。

亞里斯多德不像柏拉圖那樣具有文學天分，他模仿老師著作所寫的對話錄不甚高明，反倒是論證嚴謹的理論作品，例如《形上學》，可以表現出他的功力。

日文裡有句成語「書本的命運」，意思是：該留傳下來的書，不管如何多災多難、百轉千迴，它就是會流傳於世；已經失傳的書，往往代表它沒有留存的價值。亞里斯多德著作這齣新舊交替的大戲，在史上已有定論，可謂「書本的命運」之絕佳例證。長期以來，我對此深信不疑。

然而，在寫本文初稿時我重新查了這句成語的典故，發現它其實只是一句非常普通的用語，根本沒有出典的根據，沒有任何資料顯示有某本書的例子可以證明「有價值的書才會流傳於世」，更別說是亞里斯多德的著作。為了謹慎起見，我又查了 fatum librorum（書本的命運）這句拉丁文，我一直記得它跟亞里斯多德的書有關，結果同樣是有種被狐狸耍了的感覺，一時間四顧茫然。看來，這都是我自己的一廂情願罷了。

此外，學界近來對亞里斯多德新舊著作交替的大戲，也出現了不同的聲音。且讓我從今道友信的名著《亞里斯多德》（『アリストテレス』，講談社學術文庫，2004）與《哲學的歷史》第一卷（『哲学の歴史』，內山勝利等編，中央公論新社，2007-8）兩書中讀到的新觀點來現學現賣一番。

此間新論之一，是呂克昂學院的後繼者並非完全不知道亞里斯多德曾寫過「給學生上課用的講稿或草稿」。例如，草稿之一「自然學」中，出現了未躋身正統傳承的呂克昂研究員歐德馬斯（Eudemus of Rhodes, 370-300 B.C.）與學院第二代領袖德奧弗拉圖斯通信的記載。

另有證據顯示，繼承德奧弗拉圖斯的第三任校長斯特拉圖（Strato of Lampsacus, 335-269 B.C.）對亞里斯多德的這些手稿知之甚詳。

此外，《哲人言行錄》所記載的亞里斯多德著作目錄，雖然的確跟現在的著作集有很大差異，但據信應該就是現行著作的別名或是其中的一部分。

這些新論點不僅質疑前述斯特拉波的《地理學》與《希臘羅馬名人傳》所記載的，湮沒多時的草稿戲劇化地重見天日過程，而且由安德羅尼哥斯之手所編纂的新著作集完全取代了舊著作的這個正統說法，恐怕也將完全崩解。

全面性地新舊交替也許不可能，但包含對話篇的早期著作大半已經逸失則是事實，而且也不能否認在那個時間點發現新資料是很正常的事。只不過對我曾經深信不疑的「書本的命運」神話給予致命打擊的是，這些新論點否定了「亞里斯多德早期著作佚失了也無可奈何，反正它們是平庸之作」的這個假設。

以下，讓我繼續現學現賣今道友信《亞里斯多德》的內容。在《哲人言行錄》所記載的亞里斯多德著作目錄中，有一些篇章是現在還能知道某種程度的內容的，例如《優台模倫理學》（*Eudemian Ethics*）中〈關於靈魂〉以及〈關於哲學〉兩篇對話篇，以及不太清楚是哪種文體的《哲學的推薦》（『哲学のすすめ』）三冊。

其中，最後這一本《哲學的推薦》被公元前一世紀的羅馬文學家、哲學家西塞羅（Marcus Tullius Cicero, 106-42 B.C.）拿來當作範本，用拉丁文寫了另一本《哲學的推薦》（*Hortensius*, 45 B.C.），現在已經失傳。約五百年後的古代末期，又有一位學者因為這本書受到真理的感召，那就是奧古斯丁（又譯聖奧斯定）。他在著作《懺悔錄》（*Confessiones*）中記載了這件事。

西塞羅在二十七歲（公元前七十九年）時到希臘留學兩年，埋首鑽研希臘文化，學成後回到羅馬，將許多希臘哲學名著翻譯為拉丁文，為古羅馬與近代歐洲哲學奠定了深厚的基礎。而且西塞羅可以用流利的希臘語發表演說，可見他對這個語言是多麼精熟。

西塞羅在著作《學院派懷疑論》（*On Academic Skepticism, 45 B.C.*）中

提到了亞里斯多德的文體，這本書有部分殘篇流傳下來，收錄在岩波書局的《亞里斯多德全集》第十七卷中。我暫且借用今道先生的譯文如下：「亞里斯多德展現了黃金般令人無法逼視的雄辯氣勢，說明斯多葛學派（Stoicism）的主張不過是兒戲罷了。」在其他地方，西塞羅也對亞里斯多德「令人陶醉的滔滔雄辯」稱讚不已。

由此可見，在西塞羅所讀到的「一般公開著作」當中，亞里斯多德絕對不是個幼稚、笨拙或平庸的人；這些書籍就算已經散佚，它們也絕對不是「因為沒價值所以無法流傳」。也就是說，我先前所提到「書本的命運」神話，是不成立的。

呂克昂末代校長安德羅尼哥斯所編纂的全集，確實促發了亞里斯多德的研究熱潮，但這些研究者多半是新柏拉圖主義的學者，此後亞里斯多德基本上只被當成柏拉圖的學生來看待。亞里斯多德要成為真正的亞里斯多德，恐怕還需要再一千年的時間。

第六回
哲學史上的亞歷山大大帝

亞歷山大大帝與哲學史的關連，除了眾所周知的他是亞里斯多德的學生之外，這位年紀輕輕就駕崩的偉大帝王，跟哲學史還有很多直接與間接的關係。

根據《希臘羅馬名人傳》第九卷〈亞歷山大大帝〉以及野町啟先生的名著《學術之都亞歷山卓》（学術都市アレクサンドリア，講談社 術文庫，2009）的描述，我把前兩回中所遺漏的部分加以補述如下。

亞歷山大十四歲時，遇到從色薩利（Thessaly）來的商人，他帶著一匹叫做布賽菲洛（Bucephalus，意為頭長得像牛）的馬。這匹馬性情狂暴，沒有人能駕馭。少年亞歷山大觀察後發現，這匹馬其實是被自己的影子所驚嚇而發狂，於是找到讓牠冷靜下來的方法，最後終於成功騎了上去。亞歷山大的父親腓力二世看了，便買下這匹馬送給他。他父親也知道這孩子會反抗不合理的強制規定，但若用道理溝通他就服從，該學的功課也願意學。因此，腓力二世在考慮亞歷山大的教師人選時，沒有找多位不同學問或技術領域的老師，而是以合適的報酬，把教育未來王儲的重責大任交給當代最有智慧的人亞里斯多德。據說這所謂的「合適的報酬」的一部分，是重建被馬其頓軍隊蹂躪過的亞里斯多德故鄉斯塔基拉（Stagira）。牛頭馬布賽菲洛後來成了亞歷山大大帝的愛駒，載著他遠征四方，甚至到達印度。

回來談亞歷山大大帝和亞里斯多德。這對師徒上課的地點，選在馬其頓首都佩拉西南邊的聖城米埃札（Mieza）。直到腓力二世被暗殺，二十歲的亞歷山大即位之前，亞里斯多德花了七年的光陰教育他。

此後，雖然亞里斯多德回雅典創設自己的學校呂克昂，亞歷山大大帝的馬其頓政權仍然跟這所學校關係匪淺。根據公元一世紀博物學家老普林尼（Gaius Plinius Secundus, Pliny the Elder, 23-79）的敘述，亞歷山大大帝不只是在老師創設學校時贊助了約八百萬的希臘幣，後來他遠征四方，每到一處，就命令當地的漁夫跟獵人把當地特產的動植物資料送去給老師。因此，據說亞里斯多德沒有不認識的生物。

亞歷山大大帝駕崩後，他的部下托勒密一世（Ptolemy I Soter, 367-283 B.C.）繼承了帝國版圖中的埃及部分，並將首都設在以大帝之名命名的亞歷山卓，開啟了托勒密王朝。在前文提到的米埃札學校中，他也是亞歷山大的同窗。

日後繼承呂克昂第二任校長德奧弗拉圖斯的第三任校長斯特拉圖，在就任之前曾經受托勒密一世之邀，前往亞歷山卓擔任他兒子托勒密二世（Ptolemy II Philadelphus, 309-246 B.C.）的家庭教師。這又是一個亞歷山大大帝與哲學界的緣分。

說到與亞歷山大大帝有緣的哲學家還有一個人：錫諾普的第歐根尼（Diogenes of Sinope, 412-324 B.C.）。他出生於黑海南岸城市錫諾普（Sinope），父親是做貨幣兌換生意的。他跟父親共謀私自改鑄錢幣，事發後遭到當局放逐，搬到雅典。他師從犬儒學派學者，同時也是蘇格拉底的學生安提西尼（Antisthenes, 445-365）。由於第歐根尼繼承了犬儒學派的禁欲主義，也因此被歸類到這一派裡頭去。

之所以叫做「犬儒學派」是因為安提西尼曾在雅典一處名為白狗（Cynosarges）的外邦人專用體育場裡授課。他在課堂上大肆攻擊其他學派，於是外界給他們起了一個外號叫做「犬儒學派」，意為像狗一樣亂咬人的學派。

第歐根尼主張禁欲主義，崇尚無欲無求，過著露宿街頭，四處為家，食物只求充飢的儉樸生活。有人問他：「你是哪裡的市民？」他回答：「我是世界市民。」當時正值喀羅尼亞戰役（Battle of Chaerone, 338 B.C.），馬其頓軍隊大敗雅典及其他城邦的聯合軍隊。此役結束古希臘的都市國家（城邦）時代，亞歷山大大帝一統世界的「世界國家」正式興起，因此當時的哲學家也正在尋求切合新時代的思想。

據說，亞歷山大大帝征服了雅典，暫時駐紮在科林斯（Corinth）時，他聽人說起第歐根尼的傳聞，覺得很有趣，就派人召喚他。但第歐根尼不肯來，大帝便親自去找他。只見第歐根尼躺在釀酒的大甕裡，大帝望進甕裡，跟第歐根尼一問一答，東問西問之後，大帝說：「你還有什麼願望，告訴我吧。」沒想到第歐根尼彷彿嫌大帝很吵似的，揮揮手道：「你遮住了我的陽光，閃開一點！」

同行的大臣見狀立刻斥喝第歐根尼，亞歷山大大帝卻制止道：「如果我不是亞歷山大，我希望我是第歐根尼！」

英語有一個形容詞 cynical，意為「冷笑的」，語源來自希臘語 kynikos（犬儒的），形容人們嘲諷「無欲無求的行為」是不可能的，對其嗤之以鼻，報以冷笑的態度。不過這裡所嘲諷的行為，跟第歐根尼的生活態度未必一致，更與希臘語 kynikos「不論對誰都亂咬一氣」的原意脫節了。

在我小時候，若講到亞歷山大大帝，住在大甕裡的第歐根尼知名度可是遠遠高過亞里斯多德。哲學家鶴見俊輔的父親，政治評論家鶴見祐輔曾經將《希臘羅馬名人傳》改寫為兒童故事版，是當時最受歡迎的親子共讀書籍，我大概就是在那時候讀到這個故事的。到現在我都還記得，書中用兩個跨頁的插圖畫出兩人對話的場面。

據說，第歐根尼有時會在大白天提著燈籠在街頭散步，人家問他：「你在做什麼？」他回答：「我在尋找人類。」邊說還邊提高燈籠逼近對方的臉。

尼采大約是從這裡得到靈感，在他所著的《快樂的知識》（*The Joyous Wisdom*, 1882）第三部中，描寫一個怪人在白天提著燈籠，一邊繞著廣場一邊大叫：「神在哪裡？我要找神！我要找神！」

還有一位跟亞歷山大大帝有關的哲學家，懷疑論（Skepticism）的鼻祖皮羅（Pyrrho, 360-270 B.C.），皮羅的學術譜系可以追溯到提出原子論的哲學家德謨克利特（Democritus, 460-370 B.C.）。德謨克利特的追隨者阿納克薩爾克（Anaxarchus，鼎盛期是340-330 B.C.）是皮羅的老師，和德謨克利特同樣出身阿不德拉城邦（Abdera）。皮羅和老師曾跟隨亞歷山大大帝遠征印度。

他們在印度森林裡遇到裸體修行者，又在波斯認識了祆教的神官階級。根據阿里安（Lucius Flavius Arrianus, 92-175）的《亞歷山大遠征記》（*Anabasis Alexandri*）記載，亞歷山大大帝要班師回朝時，打算帶一位印度修行者同行，但被許多修行者拒絕，最後他說服了一位叫做卡拉諾斯（Calanos, 398-323 B.C.）的僧侶跟他一起回去。但卡拉諾斯和大王一起來到波斯北部時突然身體不適，急速衰弱下去。卡拉諾斯便請人用木柴堆了一個火葬堆，在皮羅等人面前走進火焰中躺下，一動也不動地直到葬身火海。

皮羅見此幡然領悟，萌生了所有人世間的觀點都是相對的，人不可能掌握真理的想法（不可知論〔Acatalepsy〕），應對所有事物的判斷持保留態度（Epoché），這就是所謂的懷疑論思想。皮羅隨遠征隊回到希臘後，就返回故鄉厄利斯（Elis），避開人群，和以助產士為業的妹妹相依為命，遺世終老。

說到底，亞歷山大對哲學最大的貢獻，還是規畫了埃及的學術首都亞歷山卓。

亞歷山大擊潰長年的死對頭波斯之後，隨即征服敘利亞，接著又在很短的時間內拿下埃及。公元前三三二年，二十五歲的大帝在埃及四處奔走，南至孟菲斯，北至尼羅河出海口處，想要在埃及找個地方建設一座希臘化都市，並以自己的名字命名。據說有一天他在夢中聽見吟唱史詩《奧狄賽》的聲音，聽到與法羅斯島（Pharos）有關的章節，便選擇了法羅斯島及對岸突出於地中海的羅哈克提斯村（Rhakotis）周圍的區域，命令建築師狄諾克拉底（Dinocrates, ?-278 B.C.）以此為中心點來建設一座巨大的希臘化都市。

但他自己連一棟蓋好的建築都沒看到，八年後的公元前三二三年，就在遠征巴比倫時突然撒手人寰。他死後帝國四分五裂，遺體被部屬四處搬運，流離轉徙，一度由大王貼身護衛官之一的托勒密一世主導運到孟菲斯，結果仍是不得安葬。最後在公元前三二二年，置於包覆黃金的玻璃棺柩中的大帝遺體，再度沿著尼羅河運到下游的亞歷山卓，在城中央的大十字路口安葬下來，成為此城的守護神。

托勒密一世在公元前三二三年起成為埃及總督，前三〇四年成為埃及法老，大力推動首都亞歷山卓的建設。在這裡，除了有智育與體育合一的青少年教育設施「gymnós」[1]，還興建了綜合學術研究所「mouseion」[2]，在全盛期更有一座藏有五十萬卷書的偉大圖書館。

亞歷山卓經過托勒密王朝從一世到三世三代的經營，這座首都成為當時世界最大的城市，而且是「巨型都市」。時光飛逝，兩百多年後，根據公元前六〇年左右來訪的古希臘歷史學家西西里的狄奧多羅斯（Diodorus Siculus, 90-30 B.C.）所述，亞歷山卓依然是全世界最大的都市，第二名才是人口數九十萬的羅馬。這又可以起另一個話題，擇日再談了。

1 譯註：即現代英語gymnasium語源。
2 譯註：即現代英語museum語源。

第七回
謎樣的奧古斯丁

由我來寫奧古斯丁的文章，就算只是這樣的短篇，若讓我的幾位前輩老友聽到，他們一定會笑掉大牙，一定會。雖說都是哲學，但我主要是研究海德格與梅洛－龐帝（Maurice Merleau-Ponty, 1908-1961）等德、法現代思想家。我對奧古斯丁所生活的古代末期既不了解，對基督宗教也沒半點信仰，我與這位古代哲學家的距離實在太遠，被笑也只好認了。

就算從未認真研究過奧古斯丁的思想，但我其實對這位哲學家相當好奇。

在大學任教時，每年都要負責一門一般教養科目[1]裡的「哲學」課。

1 譯註：類似臺灣的大學通識課。

這門課的學生是法學院、商學院學生，或者文學院中哲學系以外的學生，課程內容是哲學概論。為了準備這堂課，需要盡可能整理哲學史當作背景知識。說實在的，對我們這些整天埋首在自己狹小的專門領域的學者而言，教這堂課有意想不到的收穫。

奧古斯丁可以說是哲學史上的一個關鍵人物，我們必須對他有所了解。當我開始找他的資料時，卻有許多疑問一一湧上心頭。

奧古斯丁是北非原住民柏柏人（Berber），就一般性的話題而言，我很好奇他到底是什麼膚色？什麼長相？在羅馬人的社會中是否受到種族歧視？

此外，他的出生地北非內陸（今阿爾及利亞東部）的小都市塔加斯特城（Thagaste，今名蘇格艾赫拉斯〔Souk Ahras〕），以及過世的地點努米底亞地方（Numidia）的港都希波（Hippo Regius）——位於塔加斯特城北方七十公里，今安納巴（Annaba）近郊——在羅馬帝國裡不知占有什麼樣的地位。一般認為這裡是帝國極為偏遠的邊境，但為什麼他在這樣的地方，卻能寫出天主教會史上最重要的著作《天主之城》（*The City of God*）？

還有，在那個只能在莎草紙或羊皮紙上書寫的年代裡，為什麼能夠準備價格高昂的書寫用具，寫下如此浩繁的鉅作？這些書稿竟然還能保存到現代，真是太不可思議了。

我經常參考的是《懺悔錄》和《天主之城》等書，但就算是這兩本書的文庫本，前者也有上下兩卷，後者則有五卷之多，文字量相當可觀。而奧古斯丁流傳下來的著作，則是前述的五倍以上——計算方式不同會有不同的結果，有人說是一百三十冊，有人說是九十三冊——若再加上講道集、書信以及已經失傳的篇章，我真的算不出來有多少。

其中最令人難以置信的，莫過於為什麼希臘化文明（Hellenism）與希伯來文明（Hebraism）兩者，能在這個人身上融合得這麼好？

接下來就讓我們一邊回顧奧古斯丁的生平，一邊來解開這些謎團。參考資料除了具有自傳性質的《懺悔錄》之外，還有他去世數年後由弟子波西丟斯（Possidius, ?-473）所寫的《奧古斯丁生平》（*Life of Saint Augustine*）。他流傳下來的事蹟也詳盡得令人不可思議。

一如前文所述，他出生於塔加斯特城柏柏人的中產階級家庭（「柏柏」

是拉丁文的「野蠻人」一詞的語源，在人種上屬於白種高加索人。高加索人包含許多種族，膚色彼此不盡相同）。他父親赫糾拉斯（Patricius Herculus）是地方官，不是天主教徒，母親莫妮卡（Monica, 331-387）則從小就是虔誠天主教徒。家裡平常使用的語言是拉丁文。從這裡我們可以得知，不只是他的家庭，還包括這地區的羅馬化到了何種程度。

這地區位於現在北非的突尼西亞與阿爾及利亞境內，當時稱為迦太基（Carthage），是個非常繁榮富庶的地方。且因為氣候溫和，物產豐盛，是有名的穀倉，供應義大利半島大量食物。此區的首府迦太基城是其政治、文化中心，與羅馬帝國首都羅馬、皇宮所在地米蘭齊名，是西羅馬帝國的大都市。奧古斯丁晚年，西哥德國王阿拉里克一世（Alaric I, 370-410 B.C.）率軍攻入羅馬大肆劫掠之時，大批羅馬帝國貴族就是逃到迦太基，因此當地的文化反而比羅馬還要興盛。

奧古斯丁在塔加斯特城受過讀寫算術的初等教育後，到附近的城市馬達烏拉（Madaura）學習雄辯術，完成中等教育，十六歲回到故鄉。根據《懺悔錄》，他自白在這時候犯了竊盜罪，所以我這篇文章在連載的時候本來想取名「悔過自新的不良少年奧古斯丁」。但仔細一讀，他只是半夜遊蕩到附近農家，把樹上的梨子搖下來而已。而且他不是為了想吃梨子而偷，是為了想偷而偷，所以我就放棄了這個篇名。

十六歲時，他受富有的同鄉資助到迦太基城留學，修習修辭學，完成高等教育，還跟一個社會階級較低的女性同居，生了一個兒子，名叫阿德奧達徒（Adeodatus）。雖然沒有正式結婚，但他跟對方同居了十五年，所以這也算不上是非懺悔不可的罪孽吧。

光是聽到這些事蹟，再想到他創作不輟的下半生，眼前就浮現了一個精力充沛，活力旺盛的陽剛男性形象。但其實根據松原國師的《西洋古典學事典》（『西洋古典学事典』，京都大学学術出版会，2010），奧古斯丁「又瘦又小、非常怕冷，患有肺病跟痔瘡，神經過敏，個性容易激動」。他雖然不是所謂的羅馬人，但似乎沒受到什麼種族歧視。這可能因為羅馬帝國是由多民族組成，所以不太會有種族上的偏見。

接下來，如同我在第五回中提過的，十九歲時奧古斯丁讀到西塞羅以亞里斯多德著作《哲學的推薦》（已失傳）為範本寫成的拉丁文《哲學的推薦》（亦已失傳）一書，而開始對哲學燃起熱情。

之後他一度回到家鄉，又到迦太基教授雄辯術，三八三年他二十九歲時，前往羅馬。雖然他從小在母親耳濡目染之下對《聖經》非常熟悉，但他此時半信半疑地加入摩尼教教會，這是受猶太教影響而產生的宗教。為了釐清這份疑慮，他運用摩尼教的人脈去到了羅馬。他到羅馬之後繼續教雄辯術，一年後聽說米蘭在徵雄辯術教師，他應徵上了，於是移居到米蘭，從此開啟了他飛黃騰達的道路。

在米蘭時，他聽聞米蘭主教聖盎博羅削（Ambrose, 339-397）及其老師，也是後繼者的主教辛普利基阿努斯（Simplicianus, ?-400）講道，大為感動，便逐漸受到新柏拉圖主義與天主教吸引。不久，他母親莫妮卡與兒子阿德奧達徒也來到米蘭。三八六年，他在三十歲的夏末向天主悔改，隔年四月末和剛滿十五歲的兒子還有朋友三人一起受洗，替他們舉行洗禮的正是聖盎博羅削。

受洗之後，已經沒有必要留在米蘭，母子三人便啟程回鄉，在奧斯提亞港（Ostia）等船。不料母親突然罹患熱病，九天之後病逝時才五十六歲，奧古斯丁此時則是三十三歲。《懺悔錄》的前半部就寫到母親過世為止（此書據說成書於公元四〇〇年）。

奧古斯丁在母親過世後，在羅馬待了一年。三八八年秋天，他回到故鄉塔加斯特城，和朋友共度了三年的修道生活。三九一年，他前往僅次於迦太基的非洲第二港都希波，沒想到竟然在這裡受到當地主教的懇託成為教士，更在五年後成為主教。

此後，奧古斯丁與摩尼教徒以及在北非勢力龐大的天主教異端多納圖斯派（Donatism）、白拉奇學說（Pelagianism）支持者，展開多場有名的論戰，為教會辯論。

當四一〇年發生西哥德人洗劫羅馬的大災難時，不信天主教的人痛斥這都是因為羅馬人數典忘祖，拋棄了羅馬原本的諸神改信天主教才引起這場大禍，奧古斯丁為這樣的論調憂心不已。四一三年到四二六年他花了十三年的時間，寫下全書二十卷的《天主之城》，一一破解這些外教人的論點擁護天主教。這本書描寫了兩相對立的天主之城與魔鬼之城，從開天闢地寫到世界的終結，是西方最早建立起世界史的歷史哲學著作。

在希波，奧古斯丁立下了修道生活的規範，成為日後天主教修道生活的原型。他的多數著作都在這裡寫成，也在此地得到良好的保存，因此才能流傳久遠直到今日。書寫工具想必也是修道院所準備的。

繼四一〇年義大利半島慘遭西哥德人攻陷、蹂躪後，北非也在四二九年遭到東日耳曼部族的汪達爾人（Vandal）入侵。他們從伊比利半島越過直布羅陀海峽，攻進茅利塔尼亞省（今摩洛哥與阿爾及利亞的西半部）與努米底亞（今阿爾及利亞東半部），在四三〇年包圍了希波。

希波受困三個月，奧古斯丁罹患了熱病。他一個人單獨禱告了十天，終於在八月二十八日靜靜地嚥下最後一口氣。西羅馬帝國滅亡意味著古代的終結，歷史紀年雖是公元四七六年，但從奧古斯丁逝世的那一天算起，則是更有意義。

容我再敘一筆。我很希望能夠追溯從公元前一世紀在亞歷山卓完成的《舊約聖經》希臘語譯本（《七十士譯本聖經》）到奧古斯丁為止，這一段新柏拉圖主義與猶太思想融合的過程，但這就必須要另起一篇來談才行了。

第八回
柏拉圖主義與猶太思想

雖然這樣寫在時間的順序上有些顛倒，但與其討論到奧古斯丁為止的希臘化跟柏拉圖主義的關係，我更想在本章重新探究柏拉圖主義與猶太思想的接觸與融合過程。

不過我沒法直接研讀原典來探討，以下所述仍是整理專家說法然後現學現賣。以下參照野町啟先生的名著《學術之都亞歷山卓》、《哲學的歷史》中〈亞歷山卓的神學〉、《早期基督宗教與希臘哲學》（『初期クリスト教とギリシア哲学』，創文社，1972）、著名德國《新約》學者馬丁・亨格爾（Martin Hengel, 1926-2009）的《作為基督宗教聖經的七十士譯本：其前史與正典的問題》（*The Septuagint as Christian Scripture: Its Prehistory and the Problem of Its Canon*, 2002）及作者雖非這個領域的專家，但依然非常有參考價值的《亞歷山卓的興亡》（*The Rise and Fall of Alexandria: Birthplace of the Modern Mind*, Justine Pollard & Howard Reid, 2006）。

就算是哲學的領域，我想也可以用平易的語言把具專家高度的研究介紹給一般讀者，這正是本書編寫的初衷。

如同在第六回〈哲學史上的亞歷山大大帝〉所提到的，托勒密王朝繼承大帝遺志，建設首都亞歷山卓城，這座城與馬其頓王國首都佩拉、小亞細亞西北部阿塔利德王朝（Attalid dynasty）首都別迦摩（Bergama）並駕齊驅，更成為古代世界最大的學術與文化中心。

但在托勒密王朝崛起之前，埃及受波斯帝國統治很長一段時間，政府的行政工作向來由猶太人官僚負責。托勒密一世蕭規曹隨，把從以色列俘虜來的十萬猶太人送到亞歷山卓，給他們合理的待遇，讓他們擔任一部分的軍事和行政工作。因此，在亞歷山卓城中，希臘人、埃及人與猶太人的人數幾乎一樣多。從〈出埃及記〉裡摩西領導猶太人的時代開始，歷經公元前二十四年地理學者斯特拉波的時代，到一世紀亞歷山卓出身的思想家斐洛的時代所各自留下的紀錄中，可以看到亞歷山卓城一直都有許多猶太居民。

隨著希臘化的腳步，城裡的年輕猶太世代逐漸無法閱讀希伯來文文獻。為了解決這個問題，大約公元前三世紀，希伯來文的《舊約聖經》開始被翻譯成希臘文，通稱為《七十士譯本》（*Septuagint*）。這個譯本的誕生有一段精彩的故事，姑且不論真偽，我們先來好好介紹一番。

在托勒密一世於公元前三〇四年即位後不久，出身雅典的法勒魯姆地方的馬其頓將軍德米特里（Demetrius of Phalerum, 350-280 B.C.）在獨裁治理雅典十年之後，受到敵對勢力驅逐逃亡到亞歷山卓。德米特里年輕時在亞里斯多德的呂克昂學院讀書，是第二任校長的得意門生。他後來從軍，投效亞歷山大大帝。大帝死後，帝國攝政王安提帕特（Antipater, 397-319）之子卡山德（Cassander, 350-297）立刻拿下雅典成立傀儡政權，德米特里因功得以擔任僭主統治雅典。然而，奪得正統帝國繼承權的安提柯一世（Antigonus I Monophthalmus, 382-301）對雅典虎視眈眈，他的長子（也叫做德米特里）復於公元前三〇七年攻下雅典，前面那位僭主德米特里不得已出逃，轉投當時已與馬其頓帝國敵對的托勒密一世麾下。

不久德米特里奉命擔任亞歷山卓王立圖書館館長。德米特里自己也是知名學者，著作等身，擔任館長實至名歸。他的貢獻不只是為這座圖書館蒐羅了超過五十萬部的藏書，他還建議托勒密一世派遣使節拜訪耶路撒冷大司祭以利沙（Elazar），請求他派遣譯者前來翻譯《聖經》的希臘文譯本。這批使節中的猶太人亞里斯提亞（Aristeas）把這件事的來龍去脈寫信告訴他兄弟，詳盡地記載了《七十士譯本》聖經的翻譯過程，這封信就是知名的《亞里斯提亞書信》（*Epistle of Aristeas*）。

雖然這份書信已經證實是在公元前二世紀後半偽造的，但我們還是來看一看德米特里擔任總指揮主導翻譯的過程。

耶路撒冷大司祭以利沙答應德米特里的請求，從十二個部族中的每個部族裡選出六位，一共七十二名長老擔任譯者，出發到亞歷山卓。德米特里在亞歷山卓為他們舉辦了七天的歡迎盛宴，接著送他們到位於亞歷山卓對岸的法羅斯島，為他們特別建造的翻譯館中。這裡有三十六個房間，每兩人一間，他們就在這裡展開翻譯工作。兩人一組密切合作，每一組都將《舊約聖經》的二十七部正典與二十二部外典從頭到尾翻譯一輪，全部耗時七十二天譯完。長老們總共完成三十六份譯文，但這三十六份譯文核對起來，竟是一字不差。至於為什麼叫「七十士譯本」而非「七十二士譯本」，因為它的拉丁文 Septuaginta 是七十的意思。

《亞里斯提亞書信》其實是繼承了像一世紀猶太人神學家斐洛（Philo Judeaus, 25/20 B.C. -45/50 A.D.）、歷史學家約瑟夫斯（Titus Flavius Josephus, 37-100）這些護教者，或二世紀時的天主教早期教父特土良（Tertullian, 160-220）等人的思想，當然內容是不能相信的。據亨格爾的說法，在這封信所提到的年代，其實《舊約聖經》的希臘文版本只翻譯出《摩西五書》，至於歷史書、預言書及其他篇章，則是要再過三百多年，遲至一世紀末才翻譯出來。

然而，不管是上述的猶太人學者斐洛或約瑟夫斯，或是護教者猶斯定（Justin Martyr, 100-165）、俄利根（Origenes Adamantius, 184/5-253/4）、亞歷山卓城的革利免（Clement of Alexandria, 150-215）、奧古斯丁等天主教早期的教父，都認為《七十士譯本》聖經是正式的經典。

不過，被翻譯成希臘文之後，就有可能把它跟柏拉圖學說這樣的希臘哲學一起研讀。事實上，前面提過的出身亞歷山卓富豪之家，著作豐富媲美亞里斯多德的知名學者斐洛就撇開一神教跟多神教的差別，將〈摩西五書〉中的〈創世紀〉跟柏拉圖的宇宙論，特別是《蒂邁歐篇》，放在一起研究。他寫過《世界的創造》（*On the Creation*）一書，主題是解釋〈創世紀〉中從天地創造到人類落入罪惡的歷程，但他對創造一切的神的稱呼不是「神」，而是柏拉圖在《蒂邁歐篇》裡使用的「造物主」（Demiurge）一詞（但在《七十士譯本》聖經中絕對沒出現）。

此外，《蒂邁歐篇》裡出現的「造物主」，以保有永遠不變本質的「模型」（paradeigma）——在柏拉圖其他對話篇中則稱之為「理型」（idea）——當作範本，來創造世界。這裡的「理型」，用斐洛的話來說，是「存在於神的話語中」，意即將其解釋為「神的思考」。由此我們可以推知，idea這個來自希臘文的拉丁文（以及諸多承襲此字演變出來的近代語）當中，被加入了原本在希臘文中所沒有的「觀念」這一層意思。

因此，人們意識到《聖經》與希臘哲學，尤其是柏拉圖學說的相似處，便開始以希臘哲學的觀點解釋《聖經》。斐洛解釋《聖經》時已經完全融入柏拉圖觀點，五世紀的天主教聖師聖熱羅尼莫（Saint Hierom, 347-420）就評論道：「不知道是斐洛在模仿柏拉圖說話，還是柏拉圖在模仿斐洛說話。」

而且，根據野町先生的說法，這時候興起一種觀點：「希臘哲學希伯來起源說」，認為希臘哲學的起源是《舊約聖經》。從最早的公元前二世紀猶太哲學家亞里多布（Aristobulus of Paneas）到一世紀的斐洛，這些猶太人護教者向來主張要提倡猶太思想的優越性，而前文提到的教父革利免與該撒利亞的優西比烏（Eusebius Caesariensis, 260/265-339/340），則繼承了這樣的思想。

這裡雖然在探討希臘哲學，但我們首要必須先思考的是柏拉圖哲學。我把這一回的標題訂為「柏拉圖主義與猶太思想」而不是「希臘化文化與希伯來化文化」，正是因為我對把柏拉圖形上學當作希臘化文化的代表有所質疑，其實柏拉圖的弟子亞里斯多德在《形上學》第一卷第八章就已經用「異國風」來形容這個學說了。

希臘哲學的長處，一如蘇格拉底之前的哲學家所表現出來的，是「自然的思考」，視萬物的本質是「自生自滅、自開自落」的。然而我從很久以前就懷疑，柏拉圖從年輕時便不知在哪裡接觸了猶太思想的世界創造論，受到決定性的影響，提出了希臘哲學圈裡前所未聞的超自然的「世界創造者」（不過他沒說神只有一位），這位「世界創造者」創造世界時所用的範本是超越自然的「理型」（包含「理型中的理型」之最高法則），整套學說都採取了「異國風」的超自然哲學觀點。所以我才會對「希臘哲學希伯來起源說」這麼有興趣。

如果我的推測為真，那麼下列的假設應該可以被接受：在古代末期奧古斯丁的基礎上，柏拉圖思想透過新柏拉圖主義與基督宗教思想完美結合，成為與異於其他文化圈的獨特文化之思想基礎，影響了直到近現代以來的西方世界。

第九回 《玫瑰的名字》軼聞

當初義大利哲學家安伯托・艾可（Umberto Eco, 1932-2016）的小說《玫瑰的名字》（*Il Nome Della Rosa*, 1980）在一九八〇年出版時，立刻引起四方驚嘆。我們日本讀者先是聽到一些消息，接著在一九八七年看到小說搬上大銀幕，對電影主角史恩・康納萊（Sean Connery, 1930-）留下深刻印象，最後才在一九九〇年透過河島英昭的翻譯（東京創元社），真正見識到這本書的魅力。雖說驚嘆了十年才終於品嚐到這本書的真味，不過對於這樣一本絕對會在文學史上留名的傑作而言，十年的等待其實一點也不久。

在這部小說中，艾可的構想和佈局非常驚人。當時歐美陸續出版許多研究、分析這本小說的解說專書，日本也翻譯了不少。我記得買過幾本，讀得津津有味。

本章所寫的內容，也大多是從這些書中讀到過，現在還記得的部分，並非我的創見。不過我想讀者應該也跟我一樣會忘記過去讀過的內容，因此久久喚起回憶一次應該也很有意義。我最近重讀這些書，重看電影DVD，發現我忘掉的細節多得不得了，又重新感受一次這部作品深刻的魅力。

在電影中由史恩．康納萊扮演的小說主角威廉．達．巴斯克維爾（William of Baskerville），是以我們哲學家比較熟悉的經院哲學學者奧卡姆的威廉（William of Ockham, 1285-1347）為範本塑造出來的。因此，雖然中世紀哲學的氛圍對日本人很遙遠，但這部小說跟電影似乎對了解這個主題有超乎想像的幫助，因而能夠吸引我駐足。

✠

談起這部小說，形式上屬於多重框架，但主要情節是敘述從一三三七年深秋十一月底開始的七日間所發生的事。故事舞台，要從縱貫義大利半島的亞平寧山脈（Appennini）說起。險峻的山脈北段從比薩城（Pisa）往北綿延到港都熱那亞（Genova），在西側山腳下，有一個小城市叫做博比奧（Bobbio），在離博比奧城不遠處的山丘中，矗立著一座八角形的巨塔，塔身與巨大的岩塊渾然一體——我腦中的印象已經被電影限制住了——這巨塔所屬的本篤會修道院就是這個故事的舞台。

主角是年約五十的英國方濟各會修士威廉，以及他的徒弟，十八歲的見習僧梅爾克的阿德索（Adso of Melk）。先來介紹阿德索。當時天主教教宗與神聖羅馬帝國皇帝之間為了競奪世俗權力而勢同水火，一三〇九年到一三七七年之間，教廷甚至搬到法國南部的亞維儂尋求法國國王庇護。這時巴伐利亞公爵路德維希被選為神聖羅馬帝國皇帝路易四世（Ludwig IV der Bayern, 1282-1347），阿德索的父親就是在路易四世宮廷中任職的男爵之一。阿德索原本在多瑙河畔的本篤會梅爾克修道院當見習僧，但父親在友人建議下，把阿德索交託給威廉修士，讓兒子跟著威廉一起在義大利學習、旅行。這部小說，便是阿德索在年近八十之時，以第一人稱寫下六十年前那趟旅程中親眼見聞的一連串事件的第一手回憶。

主角威廉修士是與神聖羅馬帝國皇帝友好的方濟各會修士，據說曾擔任過異端審問官。這次他奉命與教廷使節團會談，並為了緩和聖俗之間的緊張關係，接受皇帝交託的特殊外交使命，前往故事舞台所在的修道院。這位威廉修士不只身上有著哲學家奧卡姆的威廉的影子，還重疊著許多人的身影。

首先，不用說也看得出來，作者艾可以主角出身地巴斯克維爾而非以姓氏來為威廉命名，就是要讓讀者聯想到著名偵探小說《巴斯克維爾之犬》（*The Hound of the Baskervilles*, 1902）的主角神探福爾摩斯。那麼顯然助手阿德索就相當於福爾摩斯的搭檔華生醫師。

此外，這一老一少的搭檔也肖似十四世紀義大利詩人但丁（Dante Alighieri, 1265-1361）的鉅作《神曲》（*Divina Commedia*, 1472）中，羅馬詩人維吉爾（Vergil）和故事主角但丁的組合。維吉爾像導師一樣帶領青年但丁遊歷地獄，威廉象徵維吉爾，阿德索就是但丁。

此外，如同前文已述，這位威廉也讓人想起奧卡姆的威廉，他一二八五年出生於倫敦近郊的村莊奧卡姆，成年後進入方濟各會，並在牛津大學求學。在中世紀的共相問題（Problem of universals）哲學論戰中，威廉主張唯名論，與主張唯實論的聖湯瑪斯・阿奎那（St. Thomas Aquinas, 1225-1274）、真福若望・董思高（又譯司各脫，Blessed John Duns Scotus, 1266-1308）等哲學家打對台。

在故事中，巴斯克維爾的威廉不僅與奧卡姆的威廉關係匪淺，而且還師事同為英國方濟各會會士的哲學家羅傑・培根（Roger Bacon, 1219/20-1292），和培根一樣對機械懷有莫大興趣。威廉經常教導阿德索：「機器是藝術品，是大自然中的猴子，只不過它們模仿的不是形式，而是功能。」[1] 他又向阿德索解釋「時鐘、星盤和磁鐵的奧妙之處」。在威廉身上我們也可以看到羅傑・培根的身影。

中世紀末，歐洲天主教會持續動盪不安，為教會帶來改革契機的是，繼承自亞西西的聖方濟各（Francesco d'Assisi, 1182-1226）精神，對教廷

1 譯註：此處譯文採倪安宇譯本，皇冠出版，下同。

採批判態度的方濟各會，其中甚至有以修道士多西諾（Dolcino）為首的使徒團，或稱「嚴格主義派」的激進派分會。教宗將此分會視為異端，極力鎮壓，經過殘酷拷問之後將他們定罪。威廉一行人來到這間修道院與院長見面的目的，就是要緩和這個情勢下的極度緊張狀況。（艾可似乎是以多西諾事件影射發生在一九七八年義大利極左派組織「赤軍旅」〔Brigate Rosse〕綁架並殺害前首相阿爾多．莫羅〔Aldo Moro, 1916-1978〕的現代政治事件。赤軍旅要求政府以前首相交換他們被捕的首領庫丘〔Renato Curcio, 1941-〕，但遭政府拒絕，於是便將莫羅撕票。據說此事件引發日後義大利知識分子的噤聲。）然而，威廉與院長的會談，因為發生修道院士連續兇殺案，以致無疾而終。

話說《玫瑰的名字》裡，還有另外一個重要的主角。說是「主角」可能不太恰當，因為那是一座圖書館，就是前文提過的，彷彿從山壁間直接長出來，卻又高懸於山壁之上的八面塔樓中的那座。

這座圖書館的原型，是二十世紀阿根廷作家波赫士（Jorge Luis

Borges, 1899-1986）的小說《巴別塔圖書館》（*La biblioteca de Babel,* 1941）中的巨大建築。

世界（有人稱之為圖書館）是由許多六角形的迴廊組成。迴廊的數目不明確，也許是無限的，中央是巨大的通風井，四周圍繞著低矮的欄杆。從任何一個六角形看出去，都可以看到上、下樓層是沒有盡頭的。迴廊的格局一成不變：除了其中兩邊，六角形迴廊的四邊各排列了五座長形書架，共有二十個書架，書架的高度與樓層同高……六角形中沒有安放書架的一側，有一狹窄的門廳，通往另一個迴廊，而所有的迴廊都相似……[2]

比起這段文字，我想大家更容易想起的是電影裡師徒二人悄悄潛入書庫時，驚見那迷宮一般上下左右連成一氣的迴廊和廳堂的場景。這書庫收藏的抄本和圖錄汗牛充棟，威廉感嘆說「這是基督教世界最大的圖書

2 譯註：此處譯文採王永年譯本，收錄於《波赫士的魔幻圖書館》，台灣商務出版。

館」，恐怕一點也不誇大。

而且，艾可在書裡安排了一個又高又瘦、不苟言笑的詭異全盲老修士佐治．達．勃爾戈斯（Jorge de Burgos），在背後操縱圖書館館長馬拉其亞（Malachia），這個老修士的形象簡直就是波赫士本人的化身。因此我說這座圖書館是這部作品的主角，讀者應該可以接受吧！

還不只這樣。在作者序中，艾可寫道：「它說的是書的故事，不是日常的猥瑣。」（頁十六）在〈第三天　第三時辰祈禱〉中，阿德索恍然大悟：「現在我發現書往往談的是其他書，或許應該說我發現書與書之間會彼此交談。」（頁二九四）而關於圖書館，艾可讓阿德索這麼說：「那個地方低語了漫漫數百年，那是羊皮紙之間的沉默對話，有生命，是……許多頭腦釋出的神祕珍寶在產出者死後留存下來，而圖書館也是流傳途徑。」（頁二九四至二九五）

事實上，《玫瑰的名字》這作品本身就是一部「寫書的書」，包括《新約聖經》的〈啟示錄〉、但丁的《神曲》、諧擬《聖經》的《占星師居普良（Cyprianus）的晚餐》、義大利文學評論家馬利歐．普拉茲（Mario Praz,

1896-1982）的《肉體、死亡與惡魔》（*Lachair, la Mortet le Diable*, 1930）、德裔美國藝術史學家潘諾夫斯基（Erwin Panofsky, 1892-1968）的《視覺藝術的意義》（*Meaning in the Visual Arts*, 1955）、義大利藝術評論家亞森多（Rosario Assunto, 1915-94）的《中世紀思想之藝術評論》（*La critica d'arte nel pensiero medievale*, 1961）、俄國文學理論學者巴赫金（Mikhail Mikhailovich Bakhtin, 1895-1975）的《中世紀與文藝復興的庶民文化：佛朗斯瓦・拉伯雷的脈絡》（*Rabelais and Folk Culture of the Middle Ages and Renaissance*, 1965）、中世紀拉丁文學權威庫爾提烏思（Ernst Robert Curtius, 1886-1956）的《歐洲文學與拉丁中世紀》（*Europäische Literatur und Lateinisches Mittelalter*, 1948）、荷蘭語言學家赫伊津哈（Johan Huizinga, 1872-1945）的《中世紀之秋》（*Herfstij der Middeleeuwen*, 1919），還有真實性存疑的亞里斯多德《詩學》第二部等數不清的書籍，都以或明或暗的方式出現在書中。有時明著引述，有時藏在字裡行間，暗著講上一、兩句。在研究專書《〈玫瑰的名字〉百科》（*Das Geheimnis der Rose entschlüsselt. Zu Umberto Ecos Weltbestseller "Der Name der Rose"*, 1986）

裡，伊凱爾特和歐蘇拉（Ickert & Ursula）兩位作者整理出這些書在小說中被引用的段落，再附上原典原文，讀來非常有意思。

而最令人費解的，莫過於書名「玫瑰的名字」。作者在小說結尾，以中世紀法國詩人法蘭索瓦．維榮（François Villon, 1431-63）的詩句設問：「去年白雪，如今安在？」接著引述法國克呂尼修道院的詩人修士聖伯納德（Bernard of Cluny）的詩句：「巴比倫榮耀今安在？」「昨日玫瑰徒留名，吾等只能擁虛名」作為解答。本書誠然是傑作中的傑作。

間奏　悠久之旅（一）

最近有個想法，但講出來可能會被笑，說怎麼現在才想到。是這樣的，最近我突然意識到，我們現在可以輕易讀到的柏拉圖對話篇或亞里斯多德授課筆記，是在至少兩千三百年前寫下的。一想到它們經過了怎樣悠久的時空之旅，才到達現代人手中，我就覺得非常感動。

可不是嗎？不只是時間，空間上也是一樣。從希臘到羅馬，接著到拜占庭，然後到敘利亞、阿拉伯、中亞、北非，這樣繞一圈之後渡過直布羅陀海峽抵達西班牙，又越過庇里牛斯山，經過西西里島，終於到達西歐世界。這其間經過了一千五百年的歲月，透過難以計數的反覆抄寫，從同是古希臘文的抄寫，到翻譯成敘利亞文、阿拉米文（Aramaic）、阿拉伯文、希伯來文、拉丁文的抄本都有。

在傳抄的過程中，柏拉圖對話篇出現了許多差異頗大的抄本，甚至還有偽書也夾雜其中流傳下來。亞里斯多德的著作則是他自己公開刊行的作品全部失傳，反而原先不是為了發表而寫的授課講義流傳至今。這段過程可說是一部充滿諷刺意味、波瀾壯闊的連續劇。

其實，我之所以覺得這件事如此令人讚嘆，是因為看到一篇書評介紹美國學者理查・魯本斯坦（Richard E. Rubenstein, 1938-）的《亞里斯多德密碼》（*Aristotle's Children: How Christians, Muslims, and Jews Rediscovered Ancient Wisdom and Illuminated the Middle Ages*，麥田出版），找來拜讀之後被勾起了好奇心，又讀了美國中世紀專家瑪麗亞・門諾卡爾（María Rosa Menocal, 1952-2012）的《世界的寶飾：中世紀西班牙的穆斯林、猶太人、阿拉伯人所創造的寬容文化》（*The Ornament of the World: How Muslims, Jews, and Christians Created a Culture of Tolerance in Medieval Spain*, 2002），然後意猶未盡地翻出先前已經讀過的伊東俊太郎《近代科學的源流》（『近代科学の源流』，中央公論新社，1978）和《十二世紀的文藝復興》（『十二世紀のルネサンス』，岩波書店，1993）來重讀，每一本都充滿啟發性，太有意思了。真的，我怎麼會到現在才注意到這件事呢！

✠

最近我對亞里斯多德的授課講義頗感興趣，在此試著從《哲學的歷史》裡讀到的粗淺知識，輔以不太正統的野史傳聞，來回顧一下這件事情的脈絡。

亞里斯多德的著作似乎從一開始就分成兩種：一種是要公開發行的「一般公開著作」，一種是講稿，專門供他創立的呂克昂學院的學生上課使用。他死後，後者由呂克昂的第二任校長德奧弗拉圖斯繼承，校長死後又傳給了弟子內羅烏斯。內羅烏斯把手稿帶回故鄉司凱普西司，此時司凱普西司受到帕加馬王國統治，國王是個狂熱的古書蒐藏迷。為了躲避他的眼目，內羅烏斯的子孫把這份手稿藏在地窖中，然後手稿就這麼被遺忘了。多年之後，手稿重見天日，被出身小亞細亞特奧斯的愛書商人阿培利肯收購，帶回雅典。

根據《希臘羅馬名人傳》中的〈蘇拉傳〉所載，蘇拉將軍遠征至小亞細亞，公元八四年率領全艦隊班師回朝，從以弗所（Ephesus）渡海至比雷埃夫斯港（Piraeus），洗劫雅典。就是在此時，他得到了阿培利肯的藏書，並將之攜至羅馬。

這三萬卷藏書後來交給了羅馬著名文法學者、逍遙學派學者，同時也是藏書家的提拉尼翁，據說他曾整理過古羅馬哲學家西塞羅的藏書。接著，呂克昂學院末代校長羅德島的安德羅尼哥斯接手了這批手稿的編纂工作，終於以「亞里斯多德著作集」的形式公開發行。而先前大家讀的「一般公開著作」，至此倒是漸漸地散佚了。這段故事，我本來把它當作「書本的命運」這句話的絕佳案例，意思是說每本書都有自己的命運，該流傳下來的書就會流傳下來，該失傳的書就是會失傳。如今卻似乎出現了些許疑點。

亞里斯多德著作在公元二至三世紀左右，由學者阿芙羅德西亞斯的亞歷山大（Alexander of Aphrodisias）做了重要註解，新柏拉圖主義學者也視亞里斯多德為柏拉圖的門徒，因此加以研究、發揚光大。但這也意味著，作為古代末期獨立知識傳統的亞里斯多德主義本身已經死亡。

✠

公元三三〇年時，羅馬帝國的皇帝康士坦丁大帝將帝國首都由羅馬東遷到拜占庭的君士坦丁堡；三九四年帝國分裂為東羅馬帝國與西羅馬帝國。四七六年，西羅馬帝國滅亡。自然，古希臘哲學遺產就在東羅馬帝國，即拜占庭帝國保留下來。然而五二九年查士丁尼大帝（Emperor Justinian, 482-565）下令禁止基督宗教以外的異教教育，關閉已有九百多年歷史的雅典學院，導致古希臘哲學的遺產後繼無人。

當時雅典學院的校長是達馬斯基奧斯（Damascius, 468-533），他和柏拉圖主義的重要學者辛普利基歐斯（Simplikios, 490-550）等人在學校被迫關閉之後先是在家避禍，接著先後在五三二年到五三三年陸續逃往庫斯勞一世（Khosrow I, 496-579）治下的波斯第二帝國薩珊王朝（Sassanid

Empire）。但住在這裡還是有被基督徒迫害的可能，所以他們最後逃到亞歷山卓定居下來。亞歷山卓後來成為古希臘哲學的研究重鎮，不過那已經是六世紀末的事了。

除了上述學者之外，還有一批人致力於保護古希臘哲學、科學，被天主教會視為異端。例如四三一年在以弗所宗教會議上被宣告為異端的景教，以及四五一年在卡爾西頓會議（Council of Chalcedon）上被宣告為異端的一性論者，全都被拜占廷帝國驅逐出境。

景教徒先是逃往埃及，接著前往美索不達米亞北方的埃德薩（Edessa），最後落腳波斯帝國，在講阿拉伯語和敘利亞語的基督徒之間從事傳教活動。

另一方面，一性論者則是在美索不達米亞地區，也就是敘利亞一帶的修道院傳教。這些異端基督徒為了深化自己信仰的神學基礎，將對神學有幫助的古希臘哲學譯為阿拉伯文、敘利亞文，間接將亞里斯多德與新柏拉圖主義的思想傳入西亞世界。

尤其是前文提及的薩珊王朝君主，「不朽的靈魂」庫斯勞一世，他即位後將景教學者延攬至首都貢德沙普爾（Gundeshapur），又以雅典學院為藍本建造氣派的學校，大興敘利亞文教育。他們在這所學校中將許多古希臘名著譯為敘利亞文，如名醫蓋倫（Galen, 130-210）的多本醫學書，精選「西方醫學之父」希波克拉底（Hippocrates, 460-370 B.C.）的著作，以及亞里斯多德的理則學。庫斯勞一世不只接納雅典學院的學者，他還大肆招聘印度學者，王朝首都可以說是希臘、印度、波斯文化的大熔爐，人文薈萃，盛極一時；這份文化基底便成為日後阿拉伯科學文明發展的沃土。

至於一性論者，則有如六世紀的塞爾吉烏斯（Sergius of Reshaina, ?-536）這樣優秀的學者，將古希臘醫學、哲學、天文學著作譯為敘利亞文。他主力翻譯醫書，也翻了哲學家波爾菲理（Porphyry, 232-304）的《唯名論》（*The Isagoge*）、亞里斯多德的《範疇論》、偽託亞里斯多德作的《宇宙論》，此外還有許多創作留世。

一性論中地位最高的學者，當屬七世紀後半葉出身肯奈斯林（Qinnasrin）修道院的賽維魯斯·斯波哈特（Severus Sebokht, 575-667）。他註釋亞里斯多德的《解釋篇》、《分析論前後書》，將托勒密的《天文學大成》（*Almagest*）譯為敘利亞文。此外，他還致力於將古希臘觀測天象的工具星盤（Astrolabe）以及印度的計數法傳入阿拉伯世界。

這些資料，全都出自於我現學現賣伊東俊太郎《近代科學的源流》的內容，作者將敘利亞文化圈從五世紀開始至七世紀為止對希臘文化的吸收，稱為「敘利亞的希臘化時代」。

✠

在亞洲的另一角，五七〇年，穆罕默德誕生於阿拉伯半島的麥加，七世紀起伊斯蘭教開始流傳，世界局勢迅速改變。信仰伊斯蘭教的阿拉伯人停止了部族間的爭戰，在很短的時間內統一阿拉伯半島、埃及、美索不達米亞等地，建立了伊斯蘭文化圈。

六六一年，穆罕默德第四代傳人阿里一族遭敘利亞總督穆阿維亞（Muawiyah I, 602-80）殲滅，穆阿維亞將首都遷到大馬士革，創建倭馬亞王朝（Umayyad）。此時，王朝的軍事征服已經告一段落，勢力東及中亞，南至北非，往西則含括現在西班牙所在的伊比利半島南部，大伊斯蘭帝國正式成立。

倭馬亞王朝延續了八十九年之後，因東波斯的什葉派叛變，在第十四代國王時滅亡，取而代之的是阿拔斯王朝（Abbas），建立於七五〇年。從此時開始，伊斯蘭世界進入了希臘化時期。帝國內的波斯人自從亞歷山大大帝東征以來，浸淫希臘文化已久，擁有優越的文化傳承。阿拔斯王朝第二代哈里發（Khalifah，意為領導者）曼蘇爾（al-Mansur, 714-75）全力建設新首都巴格達，從以希臘研究聞名的貢德沙普爾挖角了許多知名學者到巴格達，因此希臘文化的研究突飛猛進。伊東俊太郎稱八世紀至九世紀阿拉伯文化圈的希臘文化專業研究為「阿拉伯文藝復興」。

阿拔斯王朝出了好幾位熱愛希臘文化的哈里發。例如七八六年即位的第五位哈里發哈倫．拉希德（Harun al-Rashid, 763/6-809），受教於波斯裔名門巴爾馬克家族，醉心於波斯與希臘文化，他下令將已有敘利亞文譯本的諸多希臘學術文獻從希臘文直接譯為阿拉伯文，包含歐幾里德的《幾何原本》、托勒密的《天文學大成》、柏拉圖的《蒂邁歐篇》以及亞里斯多德的自然科學著作。

他的兒子第七代哈里發馬蒙（Al-Ma'mūn, 786-833）在八一五年於巴格達建了一幢名為「智慧之家」的研究中心，在此進行大規模的翻譯工作，將大量敘利亞文與希臘文典籍譯為阿拉伯文。

尤其是出身景教家庭的學者侯奈因·伊本·伊斯哈格（Hunayn ibn Ishaq, 809-873），他在智慧之家裡和許多學者協力，將希波克拉底、蓋倫、歐幾里德、托勒密、亞里斯多德等大學者幾乎所有的學術著作都翻譯成阿拉伯文。

伊東俊太郎在《十二世紀文藝復興》中，將這「阿拉伯文藝復興」時期裡被譯為阿拉伯文的希臘學術書籍及相關註釋書籍製成一覽表，數量非常驚人。

如此流傳到阿拉伯文化圈的希臘文化遺產，加上自巴比倫、埃及以來的近東文化，再融合波斯、印度，甚至吸收了一部分中國文化所發展出來的阿拉伯學術，在十一世紀達到最高點，並在十世紀中葉至十二世紀傳入歐洲。伊東俊太郎將之稱為「十二世紀文藝復興」。

✠

讓我回頭談談前文提過的話題，八世紀中葉在阿拔斯革命中被滅亡的倭馬亞家族中，只有一個勇敢的年輕人死裡逃生。他叫做阿卜杜拉赫曼（Abderramán, 731-788），為了逃命橫越北非沙漠，渡過直布羅陀海峽來到伊斯蘭帝國的極西之地伊比利半島。在這裡他發現了繁榮的伊斯蘭大都市哥多華（Córdoba），就以此為根據地建立他的安達魯斯國，他相信自己才是正統的哈里發繼承人。安達魯斯國的中堅分子是穆斯林，這些穆斯林中，出身貝都因的阿拉伯人非常少，大部分是柏柏人和羅馬人，還有少數的敘利亞人和西哥德族，可說是一個多元民族的社會。

就是因為有這樣的基礎，不多久此處誕生了融合了穆斯林、基督徒、猶太教徒和諧共生的「寬容的文化」，被稱為「世界的寶飾」，形成一個璀璨瑰麗的文化圈。

伊比利半島遂成為阿拉伯文化圈與西歐文化圈最初接觸之地，雖然有一段時間被伊斯蘭勢力所包圍，但後來這裡變成巴塞隆納伯爵領地，稱為加泰隆尼亞（Cataluña，今西班牙加泰隆尼亞省）。在這裡，被阿拉伯文化同化的西班牙基督教徒在伊斯蘭政府裡工作，之後又有許多改信基督教的猶太人，他們既通阿拉伯文也懂拉丁文，這些人便成為將阿拉伯文獻譯為拉丁文的生力軍。現在所知這項翻譯事業最早的文獻，是發現於加泰隆尼亞亞平寧山脈中的本篤會修道院的手抄本，推測是十世紀的遺物。

進入十二世紀後，阿拉伯學術的翻譯運動已經頗具規模，並且推廣到了西班牙和義大利。上文提過的美國學者魯本斯坦以生動的筆調描繪了當時的情景。

燭光照耀著巨大的木桌，桌上攤放著十幾本敘利亞文、阿拉伯文、希伯來文、希臘文等語文的手抄本。在桌子四周埋頭抄寫、記筆記、起勁地討論的，有蓄著落腮鬍的猶太教徒、剃髮的基督教修士、包著頭巾的穆斯林、黑髮的希臘人等。這裡是西班牙中部的托雷多。……這張桌子位在主教座堂的大殿中央，桌旁站著托雷多主教拉蒙．羅利（Ramon Llull），他來探視這群操著不同語言的學者們，慈愛地向他們致上關懷之意。主教自己也小心翼翼地把一本拉丁文書籍揣在懷裡……彷彿擔心這本書會再度消失似的，主教手上的是剛剛翻譯完工的亞里斯多德《靈魂論》，一本一度失傳的名著。

伊東俊太郎認為西班牙的亞拉岡（Reino de Aragón）、托雷多，義大利的西西里島和北義地區四個地方，是上述翻譯事業的據點，翻譯的形式大致就如魯本斯坦所述。至於翻譯的詳情，我們留到下一章再來談。

間奏 悠久之旅（二）

進入十二世紀後，歐洲人開始正式將當初被譯為阿拉伯文而保留下來的古希臘學術書譯為拉丁文，並引進西歐。這裡所謂的「十二世紀文藝復興」的據點共有四處：西班牙的亞拉岡、托雷多，義大利的西西里島和北義地區。接下來我就參考伊東俊太郎、魯本斯坦與門諾卡爾三位專家的著作，逐一介紹這四處翻譯事業的進展。

這當中，伊比利半島先是自八世紀起就受到伊斯蘭勢力統治，但十世紀時來自北方的基督教勢力發起復國運動（Reconquista，意為重新征服），企圖奪回伊比利半島，從七二二年到一四九二年，斷斷續續打了近八百年。最後，基督教軍隊終於在一一〇〇年左右拿下托雷多與里斯本，一四九二年攻下格拉那達，正式將伊斯蘭勢力逐出伊比利半島。

這戰爭有個特點。由於被征服者的文明比征服者先進，因此與其說這是異文化之間的軍事衝突，不如說是在長時間互相滲透影響之下，以人道自由主義方式進行的行動。

九世紀時，伊斯蘭哲學開始有長足發展。伊斯蘭哲學創始者阿爾親迪（Alchindi, 810-866）與後繼的哲學家在三百年之間讓阿拉伯哲學研究大放異彩。其中知名的有穆斯林新柏拉圖主義開創者法拉比（Alpharabius, 870-950）、出身波斯的醫師哲學家，後來逃亡至伊朗的伊本・西那（Avicenna, 980-1037）、出身哥多華的猶太教徒邁蒙尼德（Moises Maimonides, 1135-1204），他整合了亞里斯多德哲學與猶太教義，以及同樣出身哥多華，公認為中世紀最偉大的亞里斯多德學派學者伊本・魯世德（Averroes, 1126-1198）。

據說，當時這些學者的著作，在托雷多、里斯本、塞哥維亞（Segovia）、哥多華的圖書館都看得到，托勒密、蓋倫、歐幾里德、阿基米德等人的著作的阿拉伯文譯本，還有連幾乎稱得上是亞里斯多德全集的阿拉伯文譯本，這些西班牙圖書館也都有收藏。這裡所謂的全集包含《形上學》及與邏輯學相關的論文、《自然學》、《天象論》、《動物誌》、《論靈魂》、《論生滅》、《尼各馬可倫理學》、《政治學》，以及後世偽造的偽書。這些書籍在十二世紀之後被全力譯為拉丁文後引進西歐。

亞拉岡

如前文所述，伊比利半島中，歐洲人最早接觸阿拉伯文化之地，是曾短暫時間被伊斯蘭勢力包圍，後來在十二世紀被併入亞拉岡王國的加泰隆尼亞（Cataluny a）。一併入亞拉岡王國，這裡隨即成為譯介阿拉伯學術文化的重要基地。

此地最早的阿拉伯科學傳道人是一〇六二年出生於亞拉岡首都威斯卡（Huesca）的彼得羅・阿方索（Pedro Alfonso, 1062-1140）。阿方索是猶太人，但在一一〇六年改信基督教。他原本是卡斯蒂亞王國（Reino de Castilla）的御醫，後來遠渡英國，成為亨利一世的御醫，並在英國教授阿拉伯科學。

同一時期，出身巴塞隆納的猶太學者亞伯拉罕・巴爾・希亞（Abraham

bar Haya, 1070-1136/45）則是率領南法的土魯斯（Toulouse）與貝濟耶（Béziers）的猶太學者，一起將阿拉伯文教科書翻譯為希伯來文，他自己更將這些書從希伯來文翻成拉丁文。這個時代，阿拉伯學術書籍得以大量譯介，伊比利半島上的基督徒和猶太人可說厥功甚偉。

另一方面，也有許多西歐學者長途跋涉越過庇里牛斯山，特地到加泰隆尼亞來學習新穎的阿拉伯科學。其中的先驅是出身羅馬近郊蒂沃利（Tivoli）的普拉托尼（Plutone）。他生卒年不詳，約在一一三四年到一一四五年間住在巴塞隆納，和亞伯拉罕．巴爾．希亞一起將托勒密、阿基米德和狄奧多西（Theodosius of Bithynia）以及阿拉伯天文學者巴塔尼（Albategnius, 850-929）的科學書籍譯為拉丁文。

與普拉托尼同時代，出身舊南斯拉夫西北部克恩頓地方（Carinthia）的學者赫爾曼（Hermann）也到西班牙東北部求學。他原本在巴黎和沙特（Chartres）鑽研柏拉圖學派和新傳入的亞里斯多德學派，為了學習阿拉伯的學術特地到西班牙。精熟阿拉伯文之後，他在一一三八年陸續將《可蘭經》、阿拉伯數學家與天文學者花拉子米（al-Khwārizmī, c. 780-850）的《信德及印度天文表》（*Zīj al-Sindhind*）、歐幾里德《幾何原本》（*The Elements*）、托勒密的《平球論》（*Planisphaerium*）等書譯為拉丁文。這個時代有這麼多學者求知若渴，不惜翻山越嶺、渡海遠行，只為學習新知，他們的視野寬闊、胸懷遠大，著實令我大開眼界。

此外，還有一一四一年切斯特的羅伯特（Robert of Chester）從英國南下西班牙北部，他也將《可蘭經》、阿拉伯鍊金術古籍、花拉子米的《代數》（*Hisabal-jabrwa'l-muqabalah*）等書譯為拉丁文。另外，從現在比利時的法蘭德斯（Flanders）來的布魯日的魯道夫（Rudolf of Bruges），他拜赫爾曼為師，將科學類書籍譯為拉丁文。

托雷多

十二世紀文藝復興的第二個根據地，是復國運動最高峰的一〇八五年時，自稱「全西班牙皇帝」的阿方索六世（Alfonso VI el Bravo, 1043-1109）兼併卡斯蒂亞王國之後成為西班牙中部大都市的托雷多。前一章最後所引用的魯本斯坦《亞里斯多德密碼》書中提到的情景，正是在托雷多主教拉蒙・羅利全力支持下的阿拉伯學術研究。

在這裡最知名的翻譯家，是塞哥維亞的大輔祭岡底薩佛（Domingo Gundisalvo, 1115-1190）。他在改宗信仰基督教的塞維亞（Sevilla）大主教卡斯提門羅（Juan de Castelmoron）協助下，翻譯了許多重要的阿拉伯學術書籍。根據伊東俊太郎的推測，應該先是卡斯提門羅將阿拉伯文譯為卡斯蒂亞語，岡底薩佛再將之譯為拉丁文。除了阿拉伯科學典籍，他們還譯介了肯迪（al-Kindī, c. 801-873）、法拉比、伊本・西那、伊本・蓋比魯勒（Solomon ibn Gabirol, 1021-1058）、安薩里（al-Ghazālī, 1085-1111）等一流哲學家的經典之作。

然而，托雷多的阿拉伯學術書籍翻譯事業最大的功臣，是從義大利西北部的倫巴底（Lombardia）遠道而來的克雷莫納的傑拉魯德（Gerard of Cremona, 1114-87）。他不但將托勒密的《天文學大成》帶到托雷多，在一一七五年譯完全書，更在他以七十三高齡過世之前，譯完了亞里斯多德、歐幾里德、阿基米德、梅涅勞斯（Menelaus）、托勒密、蓋倫等希臘哲學家的著作，以及花拉子米、肯迪、伊本・西那等阿拉伯科學家、哲學家的重要著作，總共譯完八十七部。據說他是在一位叫做加里布（Ghālib）的基督徒協助下才能完成翻譯，但就算如此，這樣的譯作數量也實在令人嘆為觀止。正是如此驚人的大量翻譯，才使得西歐世界能夠吸收到古希臘與阿拉伯學術文明的精華。

西西里

西西里是十二世紀文藝復興運動的第三個據點，但當地文化並未受到當時如火如荼的復國運動的影響。根據伊東俊太郎的《十二世紀文藝復興》一書的描述，簡述西西里的歷史如下。

古代的西西里受到迦太基和古希臘輪流殖民統治，後來又被羅馬併吞，六世紀時併入拜占庭帝國，開始大量吸收拜占庭文化。但八二七年，北非突尼西亞的伊斯蘭勢力入侵西西里，八七八年西西里淪陷，進入伊斯蘭勢力範圍。

一〇六〇年之後，西西里復受北歐的維京人（即諾曼人）侵略。這些維京人的家鄉在斯堪地那維亞與丹麥一帶，他們從八世紀開始往南移動，其中一支在十世紀初占領了法國的諾曼第，接受法國國王統治並改信天主教，開始學習拉丁文化。

十一世紀前葉，傭兵隊長歐特維爾的坦克雷德（Tancred of Hauteville, 980-1041）的兩個兒子，吉斯卡爾（Robert Guiscard, 1015-1085）與羅傑（Roger, 1031-1101）率領諾曼人入侵義大利南部，一〇六一年後弟弟羅傑占領西西里。一一三〇年其子羅傑二世將西西里島與美西納海峽（Stretto di Messina）另一岸的南義大利合併而成西西里王國，俗稱諾曼王朝。

這些諾曼人統治者並未強迫當地人改信羅馬的天主教，而是同時承認伊斯蘭教與希臘正教，讓阿拉伯、希臘與拉丁三種文化和諧共存，積極地促進自由交流。阿拉伯語、希臘語和拉丁語都是西西里王國的官方語言，在法庭上也對羅馬法、《可蘭經》與諾曼第的習慣法三者給予同樣的尊重。

由於有這樣活潑的文化交流，羅傑二世的宮廷中，拜占庭神學家、阿拉伯學者與歐洲學者共同合作，將希臘文和阿拉伯文的學術書籍大量譯為拉丁文。而且跟西班牙不同的是，此處的翻譯不只是從阿拉伯文譯為拉丁文，而是可以從希臘文直接譯為拉丁文。

繼位的古列爾莫一世（Guillaume I, 1131-66）當政時，朝中大臣亞利斯提普斯（Henry Aristippus, 1105/10-1162）、巴勒摩的尤金尼斯（Eugenius of Palermo, c. 1130-1202）等人特別獎勵將重要的哲學與科學經典譯為拉丁文，他們自己也親力親為。亞利斯提普斯將柏拉圖的《美諾篇》（*Meno*）、《斐多篇》（*Phaedo*），以及亞里斯多德的《天象論》（*Meteorologica*）第四卷從希臘文原典直接譯為拉丁文。而尤金尼斯也將希臘文原典已經失傳的托勒密《光學》從阿拉伯文譯為拉丁文。

伊東俊太郎在做自己的學位論文時，還挖掘出一位出身薩雷諾（Salerno）的重要學者，名字也叫做赫爾曼。他聽說亞利斯提普斯派人即將把托勒密的《天文學大成》的希臘文抄本從君士坦丁堡送到西西里，他便去找亞利斯提普斯，拜託他讓自己抄寫《天文學大成》，並且在尤金尼斯的協助下完成這本書的拉丁文翻譯。此外他還翻譯了歐幾里德的《幾何原本》、《給定量》（*Data*）、《光學》（*Optics*）、《反射光學》（*Catoptrics*），甚至還有普羅克洛（Proclus）的《物理學原理》（*Elements of Physics*），應該都是從希臘文直接譯為拉丁文。

北義大利

十二世紀文藝復興運動的第四個據點是北義大利，包含威尼斯、比薩、貝加莫（Bergamo）等地。這些都市與拜占庭帝國有密切的商業往來，商人經常出入帝國首都君士坦丁堡的宮廷，因此也有許多跟希臘文化接觸的機會。

這個地區的譯界要角是威尼斯的賈可莫（Giacomo）、比薩的勃艮第（Burgundio of Pisa）、貝加莫的摩西（Moses of Bergamo）等人，當中賈可莫在一一二四年就開始翻譯亞里斯多德的《前分析篇》（*Analytica Priora*）、《後分析篇》（*Analytica Posteriora*）、《詭辯篇》（*De Sophisticis Elenchis*）、《論題篇》（*Topica*），並加以註釋。

✠

這陣翻譯學術書籍的熱潮，到十三世紀時依然持續不墜。特別是「智者」卡斯蒂亞國王阿方索十世（Alfonso X de Castilla）在位時，成立托雷多翻譯學校，集結了基督徒、猶太人、阿拉伯人的優秀學者，投入將阿拉伯文學術書籍譯為卡斯蒂亞語的翻譯工作。

同一時代，西西里國王腓特烈二世（Friedrich II）也熱愛阿拉伯文化，他晚年時贊助首都巴勒摩的基督教、阿拉伯與猶太人學者，共同推行阿拉伯的學術研究。

當時還有一位知名的蘇格蘭學者名叫麥可·史考特（Michael Scot），他在托雷多受教育，遊歷波隆尼亞、羅馬之後來到西西里。他將亞里斯多德的動物學著作與《論靈魂》從阿拉伯文譯為拉丁文，同時也譯出了伊本·魯世德對這本書的註釋。

在歐洲內陸，法蘭德斯的紀堯姆（Guillaume）將亞里斯多德的《政治學》、《詩學》、《修辭學》、《動物志》、《動物史》、《天象論》、《形上學》，以及阿基米德的《論浮體》從希臘文原典譯為拉丁文。他是中世紀偉大神學家湯瑪斯·阿奎那的好友，湯瑪斯委託他進行這些翻譯工作，湯瑪斯哲學可說就是奠基在這些哲學著作的拉丁文譯本之上。

✠

讓我們回到先前的話題，談一談古時候的紙。希臘羅馬時期的文獻，當初都是寫在莎草紙上。莎草紙的原料是莎草科的水草，產於埃及尼羅河畔，稱為「紙莎草」。紙莎草植株可以高達兩公尺以上，葉子全退化為葉鞘，從莖的根部長出來。製作莎草紙時，先把莖砍下，剝除綠色表皮，把裡面的白色纖維切成薄片，接著將一片片白色纖維打橫排鋪，上面再鋪一層縱向的，交錯疊好之後，以石頭壓扁、陰乾，等乾燥後加以打磨，一張表面光滑的莎草紙就完成了。莎草紙是埃及的特產，出口到西亞和地中海沿岸，價格相當昂貴。

莎草紙尺寸大小不一，通常做成接近A４大小，再接成十公尺長的紙卷。書寫工具是蘆葦筆，油墨則是用燃燒過的煤屑製成。寫完之後就把紙捲起來，像掛軸一樣收好，計量單位為「卷」。後來收藏方法演進為折本或冊子的型態。莎草紙不耐久放，兩、三百年就必須重抄一次。

進入公元紀年之後，大部分書籍改用羊皮紙，大大延長了書籍的壽命。根據古羅馬作家老普林尼的說法，會開始用羊皮紙是因為公元前二世紀時埃及禁止出口莎草紙，帕加馬國王歐邁尼斯二世為了因應這項禁令，命人研發羊皮紙作為對策。將羊皮鞣製變薄的加工技術在公元前十世紀就已經誕生，此時帕加馬人開始利用這項技術製作羊皮紙。當時羊皮紙的主要產地是安那托利亞高原（Anatolia Plateau）北部，帕加馬是重要集散地，從這裡經地中海出口到西歐世界（羊皮紙的英語〔parchment〕的語源即是帕加馬〔Pergamum〕）。

羊皮紙一開始只採用小牛、羊胎與初生羔羊皮，或小羊皮的內層，後來也開始用成年的羊、牛、鹿皮來製作。先把皮料浸泡在水或石灰水中，接著以木框撐開晾乾，在半乾時以半月形的刀子來回刮平皮面，如此反覆數次，羊皮紙才算完工。由於羊皮紙價格高昂，書本不再使用時便把羊皮再次水洗、鞣磨，將字跡清除之後就可以再次利用。這種「二手書」則稱為「重寫本」（Palimpsest）。

中國造紙技術傳到西方的時間很晚，最早是八世紀時先傳入伊斯蘭圈，十二世紀中葉經過埃及、北非傳到西班牙南部。十三世紀之後往北傳到南法和義大利，十四世紀末德國紐倫堡（Nürnberg）成立製紙工廠後才廣傳全歐。

柏拉圖的著作和亞里斯多德的授課講義，在這兩千多年間從莎草紙上傳寫到另一卷莎草紙上，從羊皮紙書傳抄到另一本，以至於無數本羊皮紙書上。這些字跡也許會被塗去，羊皮紙會另作他用，重寫本上被消除的文字也許會再次以藥水重現，它們都經過了幾千公里的悠遠旅程才終於來到現代。一思及此便不得不生感嘆，我們能讀到這些書籍實在是不可思議的奇蹟。

（除了前回列舉的書籍，本章還參照哈斯金斯〔Charles Homer Haskins, 1870-1937〕《十二世紀文藝復興》〔*The Renaissance of the Twelfth Century*〕、今道友信《亞里斯多德》，講談社學術文庫。）

間奏

悠久之旅（三 補遺）

以「悠久之旅」為題的間奏，本來只打算寫兩篇，但礙於篇幅還有很多資料寫不進去，而且後來也讀到許多相關資料，我還是想在此做個筆記，免得日後遺忘。因此請容許我再寫一篇「悠久之旅」的補遺篇。

本篇新增參考書目為：

- 《阿基米德寶典：失落的羊皮書》（*The Archimedes Codex: Revealing the Secrets of the World's Greatest Palimpsest*），內茲（Reviel Netz）、諾爾（William Noel）合著，天下文化。
- 《莎草紙所傳遞的文明》（『パピルスが伝えた文明：ギリシア・ローマの本屋

たち』），箕輪成男，出版新聞社。

- 《紙與羊皮紙・抄本與社會史》（『紙と羊皮紙・写本と社会史』），箕輪成男，出版新聞社。
- 《亞里斯多德「雅典政制」譯者解說》（『アリストテレス「アテナイ人の国制」訳者解説』（『アリストテレス全集』第十七卷）），村川堅太郎，岩波書局。

第一件要補寫的是，公元前二世紀帕加馬王國之所以大力推行以羊皮紙作為書寫材料的動機。先前心想這事應該眾所周知，所以沒有特別寫出來。公元前二世紀時埃及與帕加馬正進行一場建造圖書館的競爭，埃及的托勒密王朝在亞歷山卓城收集了七十萬卷藏書，意欲建造世界最大的圖書館，而帕加馬國王歐邁尼斯二世也收集了二十萬卷藏書，要與埃及分庭抗禮。埃及為了破壞歐邁尼斯二世的計畫，禁止莎草紙出口，歐邁尼斯二世不甘示弱，便著手開發可以取代莎草紙的書寫材料羊皮紙。

在〈間奏一〉裡曾提到，亞里斯多德在呂克昂的授課講義被內羅烏斯帶到他的故鄉司凱普西司，藏在地窖裡，因而躲過當時大肆蒐羅書卷的國王的耳目，那位國王就是帕加馬國王歐邁尼斯二世。

順帶一提，在《阿基米德寶典》和《莎草紙所傳遞的文明》兩本書中，介紹了古人如何把羊、小羊、山羊的皮製成羊皮紙的作法。

把整頭羊的皮剝下後，先除去腿、頭，將軀體的皮裁成四角形，這樣的一張羊皮叫做 bifolio（兩個對開之意）。若將皮沿著羊背的線條對折，就得到兩張半邊軀體大小的皮，裡外共有四面，這一張皮叫做 folio（對開之意）。若再對折，叫做 quart（四開之意）、再一次對折就叫做 octovo（八開之意）。以此類推，每對折一次面積減半，頁數則倍增。

✠

第二個必須補充的是油墨之事。前一章末尾寫道：「書寫工具是蘆葦筆，油墨則是用燃燒過的煤屑製成。」埃及跟古代中國一樣，都是以松煙或油煙當作原料來製作書寫用的墨。後來在希臘則出現以烏賊的墨汁當原料的 sepia 墨水。當書寫的材料從莎草紙變成羊皮紙，墨水是否也跟著變化，我沒有仔細詳查。但在《阿基米德寶典》一書中詳細描寫了羊皮紙時代的油墨，現簡介如下。

首先要準備一種叫做「沒食子酸」（Gallic acid）的溶液。沒食子酸是一種芳香族羧酸（carboxylic acid），常見於橡樹的樹癭裡，這種樹癭是受到蜱蟎類或寄生蟲的刺激長出來的。它的成分是碳、氫、氧，具有類似膠原蛋白的有機組織。因此，用它製成的墨水可以滲透進羊皮紙裡並且能夠固著。

製作方法是先將橡木的樹癭搗碎，加水煮沸，摻入硫酸鐵，可以為墨水著色。硫酸鐵是鐵與硫酸的化合物，經常出現在黃鐵礦中。

接著，必須在這溶液裡加入增黏劑。豆科樹木的樹幹若有傷口會滲出樹脂，從樹皮分泌出的天然樹膠，就成為製作墨水用的增黏劑。非洲產的金合歡可以取出阿拉伯膠，小亞細亞的黃蓍樹則可取得黃蓍樹膠，這是君士坦丁堡附近較易取得的。

加入增黏劑之後，若要等溶液在羊皮紙上氧化，顏色變深，得花上一段時間，因此古人就想到在溶液中加入黑色顏料。這麼一來，寫字的同時就可以看到字跡。把顏料加進溶液中攪拌均勻，墨水就完成了。

抄寫員使用這種墨水抄寫書籍的情景，在《阿基米德寶典》中有生動的描寫。

為了讓每一行保持工整，不要寫歪，抄寫員會先用尺規在羊皮紙上畫出直線。把蘆葦筆的尖端在石頭上磨尖，中段切一個小孔，方便倒進墨水。桌上放著墨水瓶，還有刀子，可以用來削尖蘆葦筆，如果寫錯字也可以用刀把字跡削去……沒有寫字桌，沒有這個必要。寫字員的膝上放著一張木板，上面鋪著羊皮紙，就這麼抄寫。他面前是一個台子，上面放著一本抄本，現在要再抄寫一本。[1]

讓我們回溯一下話題。如同前一章所提到的，莎草紙是將紙莎草的纖維薄片橫向並排，再疊上一層縱向並排的纖維薄片，接著以石頭重壓、乾

1 譯註：此處譯文採曹亮吉譯本，天下文化出版。

燥而成。據說在書寫的時候，只取橫向這一面來寫，稱為表面（recto）。背面（verso）原則上是不拿來寫字的，不過也有例外，把寫過的莎草紙重新再利用一次時，會寫在背面。根據《阿基米德寶典》，阿基米德自己「（在莎草紙上寫作時）把文章分成狹窄的幾個欄，以大寫字書寫，寫每一欄時不朝著紙的長邊寫，而是朝著短邊的方向寫」，但這句話的意義很難了解。他的意思大概是，當時的人只使用大寫字，單字與單字之間沒有間隔，也幾乎不使用標點符號。單字之間有間隔、大小寫一起使用，似乎是中世紀的抄寫員所發明的。這樣好讀多了。

✠

接下來，想來聊聊近代關於古代莎草紙與羊皮紙書本的幾個重大發現。

因為莎草紙非常脆弱不耐久，莎草紙的抄本要留存到現在簡直是奇蹟。但一九四五年在上埃及的拿戈・瑪第（Nag Hammadi）的乾燥沙漠中發現以科普特文（Coptic，埃及文發展的最後階段，埃及人借希臘文所創造的語文）所抄寫的諾斯底主義（Gnosticism，或稱靈知派）經書。據推測，這批包含《多馬福音》（*The Gospel of Thomas*）在內的經書，抄寫於二世紀的敘利亞。這是耶穌的門徒之一多馬（又譯多默，意為雙胞胎）所寫的耶穌語錄，被認為是《新約聖經》的外傳。由於發現了《多馬福音》，連帶證明了先前一八九七年在埃及奧斯萊卡出土的希臘語浦草紙古卷（*Papyrus Oxyrhynchus*）是它的一部分。

但現代所發現的莎草紙文獻中，更重要的是亞里斯多德的《雅典政制》（*Athenaion Politeia*），以下內容引用自村川堅太郎《亞里斯多德「雅典政制」譯者解說》。自古流傳著一種說法，亞里斯多德曾寫過一百五十八篇《國政志》，記載希臘城邦制度與其他民族的政治制度。這些文章歷來公認皆已失傳。

沒想到一八六〇年代的埃及孟菲斯出土了一批莎草紙的藏書目錄，據推測是公元三世紀初期的文物，目錄中包含「亞里斯多德《雅典政制》」這個書名，因此各界十分期待這本書的抄本正埋藏在埃及沙漠的某一處等著被發現。一八八〇年，埃及中北部古都法尤姆（Faiyum）果真發現了新的文物，據信就是《雅典政制》的殘篇，抄寫年代是公元前四世紀，各界的期待有一部分成真了。

接著，隔年一八九一年一月十九日，倫敦時報刊出大英博物館宣布收藏了含有《雅典政制》大部分篇章的莎草紙抄本的報導。沒過幾天，知名考古學家凱尼恩（Frederic George Kenyon, 1863-1952）很快地在一月底推出《雅典政制》的校訂本，三月初抄本的原寸複製品也公開上市，一時間，古希臘史研究者全都熱血沸騰了起來。

最引人注目的是，大英博物館始終沒有公開這批莎草紙文獻是在埃及的哪裡發現，又是如何得到的。比較確定的是，這批莎草紙抄本的背面記載著羅馬帝國皇帝維斯帕先（Vespasian, 9-79）第十一年（公元七八／七九年）的一塊私有地的出納紀錄，故可推定抄寫時代應在公元一世紀末到二世紀初。

此外，包含這篇《雅典政制》在內的一百五十八篇《國政志》，其實歷來被認為並非出自亞里斯多德本人之手，而是弟子根據他的指導撰寫而成的。就算真是如此，這次文獻的出土也仍然是喜事一樁吧。

✠

莎草紙之外，近代出土的羊皮紙抄本文獻中最重要的，就是在一直被我引用的《阿基米德寶典》中提到的阿基米德《方法論》、《論浮體》、《平面圖形的平衡或其重心》、《史多馬奇恩》(*Ostomachion*，又譯胃痛）等書。這些文獻被包含在名收藏家、精神科醫師諾曼（Haskell F. Norman, 1915-96）的一批藏書中，在一九九八年十月二十九日紐約佳士得拍賣會上以兩百二十萬美金的高價被一位倫敦書商芬奇得標。然而這位倫敦書商也不是真正的買家，真正的買家是一位神祕的委託人，B先生。

羊皮紙比莎草紙耐久，因此價格較高，而且一本羊皮紙書若不再閱讀，還可以把上面的文字消除再抄另一本書，重新利用好幾次。這樣把文字擦去、重新抄寫的羊皮紙書，叫做 Palimpsest，意為「重寫本」。palin 在希臘文裡是「再度」之意，也就是英語的 again，psest 則是希臘文 psen

（擦）這個動詞的過去分詞，翻成英文的話就是 rubbed smooth。所以 Palimpsest 的意思就是「再次擦拭將文字去除的羊皮紙」。

上述拍賣會中出現的阿基米德作品，就是重寫本。這種重寫本的製作相當耗時費力，在《阿基米德寶典》中有詳細的描寫。

首先，將要重製的羊皮紙書放在桌上，先把封面割下來丟棄，內文部分留下來，解開裝訂用的繩子，讓書頁散開、解體，回到一頁頁對開羊皮的狀態。接著以海綿沾取類似柳橙汁的天然酸性混合溶液擦拭頁面，把文字擦掉。潮濕的羊皮乾燥後可能會縮水，因此有時會把羊皮釘在木板上撐開晾乾。羊皮乾了之後，視情況會用浮石再摩擦一遍，但基本上這樣算是完工了。然後將羊皮一張張疊好，收在屋子的角落。

抄寫員要重製一本書時，先取出這些處理完畢的羊皮紙，從折線處裁成兩半，然後把裁開的羊皮紙轉九十度、對折，疊在一起。也就是說，重製的羊皮紙書，其大小是原來的一半，頁碼則會因重新排列順序而亂掉。

總之，重寫本大致上是原抄本的一半大，書寫方向則與原抄本垂直。

抄錄著阿基米德的《方法論》、《論浮體》、《平面圖形的平衡或其重心》、《史多馬奇恩》諸作的羊皮紙書，通稱為C抄本，原始製作時間是九世紀至十世紀（九七五年？），約當拜占庭帝國時期。這本羊皮紙書可能是當今唯一流傳下來的希臘文原典，但其委託製作者、所有人是誰，都不清楚。這本羊皮紙書上的內容，在抄進這本書之前，應該已經被傳寫很多遍了。

但不知何時，這本書曾經按照上述的手續被解體、文字被除去過，並經過隨機重組而成為原抄本一半大小的重寫本。在重寫本頁面上，寫著復活節麵包上的祝福語、悔改的祈禱文、給新建教會的祈禱文、給亡者的祈禱文、在清除裝葡萄酒或油或蜂蜜的容器上的髒污時的祈禱文、聖葛利果（Saint Gregory, 540-604）的驅魔文、金口聖若望（Saint John Chrysostom, 347-407）[2]的聖祭禮儀等等，從結構看來是一本祈禱書。

這本祈禱書原本藏於約旦河西岸的聖撒巴（St. Sabas）修道院，一八三四年外界透過其圖書館的館藏目錄得知此書的存在，一八九九年經

2 譯註：東正教早期教父，以雄辯口才聞名。

希臘學者肯拉蒙斯（Papadopoulos Keramens, 1856-1912）確證此事。由於這本祈禱書是僧侶們日常使用的書，因此書緣有火燒過的焦痕，還有就著燭火閱讀而有滴落的蠟淚，甚至還有訂正重寫的字跡。

一九九八年，這本重寫本出現在佳士得紐約拍賣會上，由倫敦書商芬奇得標一事，上文已經說過。

接著，依照真正的買家B先生的心意，這本書出借給美國馬里蘭州巴爾的摩市的沃特斯藝術博物館（The Walters Art Museum），供研究之用。博物館的古文字學研究員威廉・諾爾（William Noel）找來以色列出身的古典學學者李維・內茲（Reviel Netz）共同研究。內茲對古代科學非常熟稔，是阿基米德書籍的英文譯者，畢業自麻省理工學院。此外還借助保存修復技術、資訊處理技術、影像工程等各種高科技領域專家的力量，將已經消失的阿基米德著作從重寫本中破譯出來。這個精彩的過程，都寫在前述《阿基米德寶典》中。

✠

古代文化遺產就是這樣，從莎草紙到莎草紙，從莎草紙到羊皮紙，又從羊皮紙到羊皮紙，透過無數次反覆抄寫而得以流傳。可以想像的是，在傳抄的過程中散佚的，一定比能夠流傳後世的書籍來得多。

在《莎草紙所傳遞的文明》一書中，箕輪成男引用了前面提過的考古學家凱尼恩的研究。凱尼恩曾統計過希臘悲劇和喜劇作品，把極少數的現存著作加上現存著作中曾經提到的失傳著作，所算出的著作總數，和現存著作的數量相比，後者簡直少得可憐。

劇作家	著作總數	現存著作
埃斯庫羅斯（Aischylos，悲劇作家）	70	7
索福克勒斯（Sophoklēs，悲劇作家）	113	7
歐里庇得斯（Euripídēs，悲劇作家）	92	18
阿里斯托芬（Aristophanēs，喜劇作家）	43	11

看了這張表，又再次感受到古代文化遺產能夠走過兩千多年的悠久旅

程，來到我們手邊，實在是太珍貴、太難得了。

補記：本篇執筆時，不慎未將下列關於莎草紙的專書列為重要解說書。後來想起，購買之後，特此補上。

《莎草紙：埃及書架》（*Papyrus: Egyptian bookshelf, by Richard Bruce Parkinson & Stephen Quirke*, 1995）

第十回
最後一位死於火刑的哲學家布魯諾

十六世紀的最後一年，一六〇〇年二月十七日，在羅馬鮮花廣場（Piazza Campo de' Fiori）上，一名被判火刑的異端人士正等著接受他的命運。廣場中柴薪堆得像山一樣高，柴堆裡豎起一個十字架，上面綁著一個裸體男子，男子嘴裡塞了口枷，讓他無法說話。前來監督行刑的主教，臉背著他，拿起十字架向上帝乞求寬恕這名死囚的最後機會。沒一會兒火點燃了，火焰很快吞沒這名男子，他一言不發，昂然死去。

喬丹諾·布魯諾（Giordano Bruno, 1548-1600）遭受火刑處死的情景，被一位到義大利旅行的德國學生目擊，寫在寄回故鄉的信件中。

明明他跟我至今所研究的哲學家無甚關連，不知為何，我就是很喜歡布魯諾這個文藝復興時期的思想家，也蒐羅了一些與他有關的書籍來看。

他的死法很吸引我，而他既不是科學家、哲學家、魔術師，但似乎又同時具備這些身分，這種人生也很吸引我。雖然我沒有很認真研讀這些書，但我可以算是他潛在的崇拜者吧。下面依舊參考其他學者的大作，容我現學現賣，介紹一下布魯諾的一生。

參考書目：

- 《文藝復興的偉大與頹廢：布魯諾的一生與思想》（『ルネサンスの偉大と退廃——ブルーノの生涯と思想』），清水純一，岩波書局。
- 〈布魯諾〉，加藤守通，《哲學的歷史》第四卷，中央公論新社（「ブルーノ」、『哲学の歴史』第4巻）。

布魯諾於一五四八年生於南義大利拿波里（Napoli）近郊的古都諾拉（Nola）。他在諾拉和拿波里接受基礎教育，於一五六五年，十七歲時進入道明會成為修士。他深為出身同是道明會的神學家聖湯瑪斯·阿奎那的思想所傾倒，因此他應該不是一開始就有異端的思想。

根據英國哲學史家法蘭西斯・葉慈（Frances Amelia Yates, 1899-1981）的經典著作《記憶術》（*The Art of Memory*, 1966），道明會繼承了亞里斯多德、西塞羅、聖湯瑪斯・阿奎那等名家的學說，但也教導帶著點赫密士主義（Hermeticism）[1]的獨特「記憶術」。布魯諾在此修院時，應該也學到了這項本事。這成了他日後的武器，但也因此喪命。

在道明會中，他開始對基督教的根本教義產生動搖，因而受到院方批判，一五七六年被迫離開拿波里。他在義大利各地浪跡數年之後，一五七九年遠赴瑞士日內瓦，與當地的喀爾文教派來往密切。但不久兩方也產生齟齬，布魯諾遂離開日內瓦，前往土魯斯和巴黎。

在巴黎，他深獲記憶術專家法國國王亨利三世（Henri III, 1551-89）賞識，將自己用法文寫的著作《思路的陰影》（*De umbris idearum*, 1582）獻給國王。同時在巴黎他也發表了一齣名為《點燭火的人》（*Candelaio*, 1582）的喜劇，描寫拿波里市井小民的生活，被讚譽為義大利語喜劇的代表，可見他非常多才多藝。

1 譯註：中世紀的神祕主義哲學。

但此後布魯諾不管去到何處都受到宗教方面的迫害，他夾在對立的兩派之間，不但不加入任何一方，還對兩邊都加以批判。他去英國訪問牛津大學時，跟崇拜亞里斯多德的誓反教派（Protestantism，即基督宗教的新教）學者激辯哥白尼（Nicolaus Copernicus, 1473-1543）的「日心說」，以至於遭人冷眼。

到了倫敦，在法國大使卡斯提魯諾（Castelnau, 1517-92）家作客時，也是經常跟人辯得面紅耳赤，他都毫不保留地寫在一五八四年的著作《聖灰日的晚餐》（*La Cena de le Ceneri*, 1584）中。他在這本書跟同年寫的另兩本書《原因、原理與同一》（*De la causa, principio, et uno*, 1584）、《關於無限、宇宙以及各種世界》（*De l'infinito universo et mondi*, 1584）裡，闡明自己的哥白尼主義。此後的旅程中，他也出版了許多義大利文和拉丁文的著作，其學識實在非常豐富。

當時，正值西方世界古來所堅信的，從亞里斯多德、托勒密以降的宇宙觀，被哥白尼的「日心說」，意即地球環繞太陽運行的地動學說所撼動的年代。再加上那時候歐洲的夜空頻繁出現彗星，尤其是一五七七年十二月開始到隔年一月每晚都會出現彗尾明亮的巨大彗星，經丹麥貴族出身的天文學者第谷・布拉赫（Tycho Brahe, 1546-1601）精細觀測後，更有說服力地證明了地動說是正確的。

然而布魯諾不只是想介紹哥白尼學說，他還想要超越它。這是什麼意思呢？哥白尼是將宇宙的中心由地球代換為太陽，意即依然堅持「宇宙有特定中心」的傳統宇宙論框架。哥白尼依然認為，宇宙的空間是有限的，由各種異質空間所組成，按照階層秩序一一排列。但布魯諾認為宇宙是真正意義上的無限大，因而沒有特定的中心，你可以將宇宙中的任何一點都視為中心。他知道自己的思想超越了哥白尼，他所說的宇宙的真正意義是現代的思想。

還不只是宇宙論，布魯諾對於當時哥倫布「發現」新大陸，西班牙、葡萄牙對新大陸的征服，也就是殖民主義時期所謂的「西方中心主義」，也以相對主義的立場加以嚴厲批判。

布魯諾深受文藝復興初期神祕主義學者庫薩的尼古拉（Nicolaus Cusanus, 1401-64）的無限論思想影響，將無限論引用至宇宙此一具體的對象上，發展出他自己的思想。兩百年後，在所謂唯心主義（idealism，又譯觀念論）的時代裡，布魯諾的思想受到德國思想家雅可比（Friedrich Heinrich Jacobi, 1743-1819）、唯心論者謝林（Schelling, 1775-1854）的高度評價。尤其是謝林寫了一本叫做《布魯諾》的對話錄（*Gespräche mit Bruno: Requiem für einen Braunbären*，《布魯諾對話：論事物的神性原理和本性原理》，北京商務印書館），認為布魯諾論述絕對者與個體之間的關係，啟發了日後荷蘭哲學大師斯賓諾莎（Baruch de Spinoza, 1632-77）的泛神論。再繼續講下去就會變得長篇大論了，請容我就此打住，回到布魯諾身為超前時代的思想先驅，挑戰世人認為天經地義觀念的故事，繼續介紹他往後的人生。

上文提到的法國駐英大使卡斯提魯諾因故得罪了英國女王伊莉莎白，一五八五年十月解職回國，布魯諾也跟著回到巴黎。在巴黎的這段時間，布魯諾一樣惹怒不少人，引起一些風波，導致一五八六年不得不離開巴黎前往德國。

但在德國，當時新教的路德教派和喀爾文教派勢力強大，宗教改革所引起的動亂比義大利和法國嚴重得多。他到馬爾堡（Marburg）大學求職未果，後來在威登堡（Wittenberg）大學找到工作，在此教了兩年書。

一五八八年四月，他前往神聖羅馬帝國皇帝魯道夫二世治下的布拉格。魯道夫二世對付新教的手段相當殘酷，但非常支持學術文藝，布魯諾將自己的著作獻給皇帝，得到嘉獎，但這仍不足以讓他定居於此。半年後，他沿易北河南下來到布倫瑞克（Braunschweig, 1735-1806）大公治下的黑爾姆斯特（Helmstedt），教了一年半的書。

一五九〇年夏天他來到法蘭克福，在此寫作並出版了他後期被譽為三大拉丁文哲學詩的系列作品。此間有一度他到蘇黎世訪友，據說在此時就開始準備動身回義大利。

自一五七九年來十多年間，輾轉瑞、法、英、德的流浪終於結束，一五九一年秋天，布魯諾應威尼斯貴族莫切尼哥（Giovanni Mocenigo, 1558-1607）之邀，到威尼斯擔任他的記憶術家庭教師，並在此長住。

但布魯諾似乎並未意識到他返國後的危險處境。威尼斯是自文藝復興以來義大利境內唯一殘存的共和國，經濟繁榮，是獨立於羅馬教廷之外的政權。而且邀聘布魯諾的莫切尼哥家族是威尼斯數一數二的富豪，家族中還出過威尼斯總督。也許正因此，布魯諾才未意識到自己身處險境。

布魯諾為了謹慎起見住在威尼斯郊外的小鎮，到了家教時間才前往莫切尼哥家。而莫切尼哥似乎一開始並不知道布魯諾是宗教裁判所追緝的對象，另一方面，他對記憶術抱有不切實際的期待，以至於對布魯諾的教學非常不滿。不知是出於被人質疑隱匿異端的恐懼，還是出於期待未被滿足的失落不滿，莫切尼哥最後把布魯諾監禁起來，向宗教裁判所告發。

布魯諾在一五九二年五月二十二日被捕，先在威尼斯的宗教裁判所受審。他向裁判所解釋信仰與哲學的差異，力陳他批判亞里斯多德學說，自己所主張的宇宙觀雖然跟亞里斯多德的想法對立，但那是一種哲學，並不妨礙他生命中的信仰。

但不久羅馬教廷介入，一五九三年二月二十七日布魯諾被押解到羅馬，開始受到七年的漫長審判。本章開頭提到的德國學生除了記載布魯諾受火刑的情景，還記載了他生前最後一句話：「你們這些宣告審判的，比我這個接受審判的，還要膽小。」

第十一回 笛卡兒身邊的女性

在哲學史上揭開現代舞台序幕的哲學家，公認是法國思想家笛卡兒（René Descartes, 1596-1650），應該沒有異議。但他到底基於什麼理由被如此定位，那就有些爭議而且說來話長，在此我還是省點事，談談別的。

我想從笛卡兒的畫像開始聊。笛卡兒有一幅知名的肖像畫，出自名家手筆——與林布蘭齊名的荷蘭肖像畫家哈爾斯（Frans Hals, 1580-1666）。畫作年代約當一六四九年夏天，那時笛卡兒即將離開住了一輩子的荷蘭，動身前往令他殞命之地，瑞典首都斯德哥爾摩（Stockholm）。也許這幅畫的委託人正是瑞典女王克莉斯蒂娜（Drottning Kristina, 1626-89）。

十七、十八世紀的歐美思想家，幾乎沒有人在生前就請人畫這種正式的肖像畫，所以這張畫特別值得一談。其實這張畫裡的笛卡兒，不知怎的看來有些自大，我不太喜歡。

不過這純粹是個人好惡問題。笛卡兒可是擁有眾多仰慕者，其中不乏身分高貴人士，女性粉絲更是不在少數，這在哲學界是個罕見的例子。翻開哲學史，單身的男性學者很多，許多人怎麼看都有點同性戀傾向。笛卡兒雖然沒正式結婚，但絕對不是討厭女性的人。

根據法國作家薩西（Samuel Silvestre de Sacy, 1905-1975）寫的《笛卡兒傳》（*Descartes par lui-même*, 1956），笛卡兒小時候喜歡一個「有點斜視的同齡女孩」。笛卡兒是在一六四七年六月六日寫給法國駐瑞典大使夏尼特（Pierre Hector Chanut, 1601-1662）的信中——這封信預期也會給瑞典女王看——提到這件事。會提到這事，是因為談到這個問題：「為什麼人會在還不知道這個人的長處時，就覺得喜歡此人甚於他人？」笛卡兒繼續寫道：

> 她的斜眼透過視覺在我腦中所留下的印象，與我內心愛的情愫萌芽時所留下的印象緊緊結合在一起，所以就算很久以後，當我再看到斜視的人

時，光是因為這個缺陷，我都會對他們產生比別人更強烈的喜愛。

後來有人在笛卡兒出生地圖罕捏拉耶（La Haye en Touraine）[1]找到洗禮簿，在他出生那一年，一五九六年的三月二十日與七月三十日找到叫做法蘭絲瓦（Françoise）的女孩名，推測這可能就是笛卡兒那位青梅竹馬的女孩。因此大約四十年後，一六三五年七月九日，笛卡兒將自己的女兒取名為法蘭辛（Francine）。

法蘭辛的母親海蓮娜．楊（Helena Jans van der Strom）是荷蘭人，原本是幫傭的女僕，與笛卡兒在一六三二年或三三年相戀，三四年十月懷了女兒，但兩人可能因為信仰不同而未正式結婚。從三七年夏天起，三人組成小家庭，在荷蘭的哈倫（Haarlem）幸福地生活了兩、三年（一六二八年，笛卡兒三十二歲起隱居在荷蘭，當時荷蘭是歐洲最和平，對信仰自由最有保障的地方）。

1 譯註：現為了紀念笛卡兒改稱La Haye-Descartes，位於羅亞爾省。

但一六四〇年四月為了出版著作《第一哲學沉思集》（*Meditationes de prima philosophia*, 1641），笛卡兒隻身前往荷蘭南部的萊登（Leiden）。這時他正打算把法蘭辛送回法國讀書，託給親戚長輩照顧。沒想到不久法蘭辛竟染上猩紅熱類的傳染病，同年九月就夭折了。根據傳記作家巴耶（Adrien Baillet, 1649-1706）所言，笛卡兒形容法蘭辛的死是「有生以來最傷心的事」。至於海蓮娜，此後就沒有再看到關於她的記載了。

✠

笛卡兒身邊的女性當中，論身分高貴且交情深厚者，莫過於普法爾茨（Pfalz）選侯[2]，「冬王」腓特烈五世（Friedrich V der Winterkönig, 1596-1632）的大女兒伊莉莎白公主（Elisabeth von der Pfalz, 1618-1680）。

腓特烈五世原本住在海德堡，一六一九年在三十年戰爭中被捷克人推舉為波西米亞國王。儘管他個人並不願意，但仍必須到布拉格接受加冕，成為「誓反教（新教）聯盟」盟主，對抗「天主教聯盟」[3]。在隔年一六二〇年白山戰役（Battle of Weissenberg）中波西米亞軍大敗，腓特烈五世因而被剝奪王位。

當時普法爾茨全境包括海德堡都被天主教聯軍占領，腓特烈五世一家最後在舅父奧蘭治親王亨德里克（Friderik Hendrik）保護下，於一六二一年逃亡到荷蘭海牙，一六三二年腓特烈五世過世，門庭相當沒落。但他的大女兒伊莉莎白自幼就和弟弟被託給祖母，住在布蘭登堡選侯國，度過幸福的童年。一六二七年她九歲時才回到海牙家人身邊，就讀萊登的貴族學校，接受嚴格的喀爾文派教育，除了拉丁語、外國語文、歷史、法律、神學之外，更熟讀數學、物理等。伊莉莎白美貌出眾，但終身未婚，熱中鑽研書中學問。

一六四二年，伊莉莎白讀到笛卡兒剛出版的《第一哲學沉思集》一書，深有所感。笛卡兒從義大利友人保羅處聽到伊莉莎白的感想，立刻就

2 譯註：亦譯作「選帝侯」，是德意志獨有的爵位，指有權選舉德意志國王的諸侯。

3 譯註：三十年戰爭〔1618-1648〕，一開始是波西米亞人對抗奧地利哈布斯堡家族的戰役，前者代表新教利益，後者代表天主教利益，後來戰火席捲全歐。

從住處趕到十幾公里以外的海牙求見伊莉莎白。這次據說沒能見到面，又有一說是已經見到，但總之在隔年一六四三年五月十六日，伊莉莎白致信笛卡兒，表示他日再請教他的高見。如果以一六四二年來算，當時笛卡兒四十六歲，公主芳齡二十四。

伊莉莎白從笛卡兒形上學中可能的弱點所在——身心關係——開始質疑，接著連帶對道德哲學，甚至笛卡兒的世界觀整體都提出疑問，並把問題歸結到人類的情感上，於是刺激笛卡兒寫出《論靈魂之情》（*The Passions of the Soul*, 1649）一書。伊莉莎白信中的提問是像這樣的：

先前您的來信曾寫道，情感隨順理性的時候，情感再怎麼強烈也是有益的。但我覺得這說法不夠完整。為什麼呢？情感非常強烈的時候要它聽命於理性，我認為是不可能的。但人的精神有一種特別的作用，不管它是否促進了我們經驗過的所有情感的形成，抑或是想以理性來推論它的運作方法其實是白費工夫，我相信您若願意與我談一談，一定能為我解惑。

何等大氣的申訴抗議。笛卡兒在一六四四年於阿姆斯特丹出版《哲學原理》（*Principiaphi losophiae*, 1644），便把這書獻給伊莉莎白。

伊莉莎白的最後一封信寫於一六四九年十二月四日，也就是笛卡兒即將離世之時，這六年多來，兩人往返的信件光流傳下來的就有六十封之多。他們的書信集在日本翻譯出版為《笛卡兒與伊莉莎白往返書信》（『デカルト＝エリザベト往復書簡』，講談社學術文庫，2001）一書，要查閱相當方便。

三十年戰爭結束後，笛卡兒也過世了，伊莉莎白的哥哥卡爾・路德維希（Karl I. Ludwig, 1617-80）的名譽也恢復了，繼承為普法爾茨選侯，伊莉莎白便回到海德堡。但她跟已經離婚的哥哥處不來，遂於一六六一年進入赫爾福德女子修道院（Stift Herford）擔任院長，推行許多學術活動。當時，年輕的德國哲學家、數學家萊布尼茲（Gottfried Wilhelm Leibniz, 1646-1716）住在漢諾威，曾去拜訪她兩次。晚年的伊莉莎白早已不復當年美貌，看起來完全是一位德高望重的學者。

✠

笛卡兒身邊最後一位女性，是前面已經出現過的瑞典女王克莉斯蒂娜。

笛卡兒以拉丁文寫成的《第一哲學沉思集》被譯成許多語文，法文譯者之一克萊爾色列（Claude Clerselier, 1614-1684）的姻親夏尼特，也就是先前提過的法國駐瑞典大使，於一六四五年到斯德哥爾摩赴任，與當時二十歲的女王聊到笛卡兒。女王曾經研讀斯多葛主義，是一位熱愛求知的女性，後來她主動放棄王位。她對笛卡兒的思想產生強烈興趣，透過夏尼特請教笛卡兒關於人的情感的問題。

笛卡兒給女王回了一封長信，內容就如前文所提的「關於愛」。女王讀了這封信以後想更深入了解笛卡兒的思想，於是又讀了《哲學原理》，一六四九年四月則又進一步直接邀請笛卡兒到斯德哥爾摩擔任她的宮廷教師，甚至派出軍艦去迎接他。

本來這件事要暫時延後，但九月笛卡兒還是整理行囊，與已歸國的夏尼特一起動身前往瑞典。經過三週的海上航行，總計三十五天的旅程，他們終於在十月抵達斯德哥爾摩。笛卡兒住在夏尼特的官邸，在謁見女王時答應她寫詩劇的委託，也將預計要成立的學院的規章都擬好了。不過滿心期待的哲學家教課卻始終沒有開始，因為此時三十年戰爭終於打完，十二月即將舉行慶祝活動，女王正忙得不可開交。

到了一月，女王總算排好笛卡兒上課的時間，每週兩次，早上五點開始。笛卡兒這人從小體弱多病，向來睡到中午才起床，斯德哥爾摩清晨五點的冰天雪地對他來說跟地獄沒兩樣。夏尼特原本要去拜託女王更改時間，沒想到這位關鍵人物得了肺炎率先病倒。痊癒之後，換成笛卡兒在二月一日染上肺炎。笛卡兒自己誤判病情，終於在昏睡十天之後嚥下最後一口氣。

我總覺得笛卡兒是被這讀書不專心的女王耍得團團轉，最後賠上了性命。太受歡迎，也是挺恐怖的啊。

第十二回
我的康德體驗記

年輕時會想要進大學哲學系接受正統哲學訓練，是因為當時我迷上了現象學者海德格的《存在與時間》（*Sein und Zeit*, 1927）。那是第二次大戰日本戰敗後第五年，一九五〇年的事情。我比別人晚兩年考大學，已經二十一歲了。

年少的我從中國滿洲回到日本，在戰後的一片混亂當中非常徬徨，糊裡糊塗地進入山形縣鄉下的農林專業學校就讀，不知人生的下一步應該怎麼走。我對農業沒興趣，經常放著教科書不念整天自顧自地讀著杜斯妥也夫斯基（Fyodor Mikhailovich Dostoyevsky, 1821-1881），從小說裡知道了《存在與時間》這本哲學書。我心想，只要讀了這本書應該就能找到未來人生的道路，但買了日文譯本來看，卻幾乎看不懂，因此才決定去讀大學。我於是趕在東北大學哲學系舊制最後一年招生時報考，終於擠上末班車順利入學。

入學後，我拚了命學德文，那一年秋天總算可以開始讀《存在與時間》，一共讀了半年。內容很有趣，確實談了很多人生的重要事項。一邊讀，一邊看著剩下的頁面越來越少，心中甚至有種不捨之感。但另一方面，我很清楚自己並沒讀懂其中精髓。而且，這本書不是我自己埋頭讀個兩遍三遍就能看懂的，要懂它的精髓，必須把海德格的老師胡塞爾（Edmund Gustav Albrecht Husserl, 1859-1938）、同門師兄弟馬克斯．舍勒（Max Scheler, 1874-1928），甚至尼采或齊克果的書都讀過，甚至連柏拉圖或亞里斯多德都必須研究才行。

原本我並沒有想要研究哲學，只是一心想讀《存在與時間》而已。本來的想法是，讀完《存在與時間》應該就找到人生方向了，那就可以放下哲學去找別的謀生之道。而且那時我也不認為可以靠哲學吃飯。沒想到《存在與時間》這麼難懂，看來一時是放不下哲學，便下了必須長期抗戰的決心。就這樣，我在哲學的道路上越走越深。

那時最棘手的問題是畢業論文。舊制大學是三年制，最晚要在第二年結束前決定畢業論文的題目。海德格的書這麼難，實在沒辦法拿來當論文題目。想來想去，最後只剩下康德的《純粹理性批判》（*Kritik der reinen Vernunft*, 1781）了。

那時的主任教授三宅剛一老師從我們入學起，在名為「實習課」的課堂上一直是用這本書的原文版當作教材，我們從序論開始讀。那時因為戰爭，西方圖書進口中斷很久，尚未恢復，另一方面那時代也沒有影印機或印表機這類東西。我們在買到日本本土重印本之前，都要去圖書館借原文書，把下一週要讀的部分抄到筆記上，同時把生字的意思查出來註記在旁邊。

這本書是康德的主要著作，海德格曾在一九二九年寫過一本《康德與形上學的問題》（*Kant und das Problem der Metaphysik*, 1929），以自己的觀點解釋康德，所以用這本書當作畢業論文的題材也不算離海德格太遠。

似乎在舊制大學的哲學系裡的教授或副教授，不管是負責哲學概論的第一講座，或是負責近代哲學史的第三講座，都習慣拿《純粹理性批判》

當作教材。而且他們會用新康德學派（Neo-Kantianism，即新康德主義）的柯亨（Hermann Cohen, 1842-1918）的著作《康德「純粹理性批判」註解》（*Kommentar zu Immanuel Kants Kritik der reinen Vernunft*, 1907）當作參考教材，這似乎是留過洋的老師在德國學到的習慣。我們課堂上的每個學生都要輪流當帶領人，下一堂被指定為帶領人的同學要到研究室借這本書，查出柯亨對自己要領讀的段落的註釋。

但是在一九三〇年代初期到佛萊堡（Freiburg im Breisgau）大學留學，在胡塞爾與海德格身邊讀過書的三宅老師，服膺於這些現象學派學者對康德的嶄新解釋。因此他捨棄當時尊崇柯亨的風潮，推薦我們讀牛津大學的巴通（H. J. Paton）所寫的上下兩卷精細註釋書《康德的經驗形上學》（*Kant's Metaphysics of Experience*, 1936），雖然是英文著作。

不同於新康德學派把康德哲學視為認識論，海德格認為康德哲學的特色完全是科學性認識的基礎，他試圖在《純粹理性批判》中找到形上學的新基礎。巴通的立場和他接近，他在這本書中解釋得很清楚。我最後就參照巴通、海德格和其他現象學家的論著，好不容易完成了我的畢業論文。

因為寫得還算不錯，我獲得了高額獎學金，並被哲學研究所錄取為特別研究生。但進了研究所之後卻沒有動力繼續讀康德的《實踐理性批判》（*Kritik der praktischen Vernunft*, 1788）跟《判斷力批判》（*Kritik der Urteilskraft*, 1790），還是一心想讀海德格。不久他在第二次世界大戰之後出版的六十歲誕辰紀念文集《林中路》（*Holzwege*, 1950），終於可以在日本買到，我買來之後日夜捧讀，越讀越振奮，但似乎依然沒有到能夠以海德格為主題撰寫論文的程度。

正在發愁的時候，我在文集中讀到一篇〈黑格爾的經驗的概念〉（*Hegels Begriff der Erfahrung*, 1942-3），當中提到《精神現象學》（*Phänomenologie des Geistes*, 1807），我想不如來讀這本大作。恰巧此時匈牙利哲學家捷爾吉（Lukács György, 1885-1971）寫的《少年黑格爾》（*Der junge Hegel*, 1948），法國哲學家讓・希波利特（Jean Hyppolite, 1907-68）寫的《黑格爾「精神現象學」的創生與構造》（*Genesis and Structure of Hegel's Phenomenology of Spirit*, 1948）也進口到日本，我就參考這兩本書開始讀起《精神現象學》。黑格爾這本經典書就像個謎，雖然一直受到重視，但始終只有幾本小解說書，彷彿現在突然間受到了世人矚目。我每天從早到晚讀得渾然忘我，彷彿切換到另一個時空似的，就連作者接下來要講什麼我都覺得自己猜得到。書讀成這樣，真的很開心。

但也並非讀成這樣就可以寫黑格爾論文。讀完之後，我在研究室只寫了介紹捷爾吉《少年黑格爾》的文章，就暫時丟開其他古典德國哲學回頭去讀我一直在讀的海德格、胡塞爾和梅洛-龐帝等現象學派學者的著作。

但這麼做還是切不斷緣分，這大概就是經典之所以為經典的原因。海德格講《純粹理性批判》的系列課堂筆記，我當然讀過，後來有出版社要出版這系列筆記時，我還幫忙翻譯當中兩本跟康德有關的著作。通常只要跟哲學沾上邊就不可能不去讀的哲學家大概就是康德和柏拉圖，連我這樣只醉心現代思想的人都一樣。

其中一本是我跟法文譯者渡邊昭造共同翻譯白水社「我所知為何」（*Que sais-je?*）文庫中的讓·拉克華（Jean Lacroix, 1900-1986）的《康德哲學》（*Kant et le Kantisme*, 1968）。

提到拉克華，大家比較知道的是他跟和艾曼紐·慕妮耶（Emmanuel

Mounier, 1905-1950）都是人格主義（Personalism）哲學家。拉克華在這本書中，以不到一百三十頁的短短篇幅將康德哲學的全貌介紹給法國讀者。

他條理分明的法式筆調如同一面鏡子，拿來對著驅使艱深概念來展開艱澀思辨的德國哲學一照，其基本原理馬上逐一清晰浮現，變得十分容易理解。他在本書中不是概略性地介紹康德思想，而是針對「存在論證明批判」、「實踐理性的邀請」等重要論點往下挖掘，使康德哲學的核心思想集中浮現，接著再次讓讀者仔細確認包含倫理學、宗教學、美學、歷史哲學等在內的思想整體，這種寫作手法非常高明。

康德晚年寫了大量的手稿，一般稱之為「遺稿」。一般學者通常對這些遺稿敬而遠之，但拉克華運用了遺稿的資料，將康德哲學概括為「實踐的形上學」。雖然篇幅很短，卻是一本表現非常不俗的康德論。

五年後，白水社翻譯出版德國哲學家齊美爾（Georg Simmel, 1858-1918）的著作全集時我也躬逢其盛，翻譯了以他在柏林大學十六堂康德哲學課的講綱整理而成的《康德》（*Kant*, 1904）。當初為什麼會找我詳情已經忘了，只記得原本的譯者突然不克翻譯，只好找我代打。還記得那年年尾被關在山上的旅館裡從早到晚埋首翻譯整整一個月，才終於完成使命。

齊美爾的授課講義，也是令人嘆為觀止。文字如行雲流水，沒有多餘藻飾，讓我可以毫無阻礙地翻譯成日文。這樣的文章才稱得上是名家手筆。

齊美爾開宗明義說，他這堂課的重心不在哲學史的研究而是純粹的哲學研究。因此別說是康德生平故事了，令人驚訝的是連任何可以引用的事蹟他也完全不提，從頭到尾就只檢視康德學說所提出的問題和解答，對於闡釋生命真義的角度而言到底有無價值。

康德的功績在於把人的智性視為一整體，從理論哲學（theoretical philosophy）、實踐哲學（倫理學、宗教）到美學逐一探究，但他的限制在於最後傾向於唯智論（intellectualism），這一點受到齊美爾的嚴厲批判。

此外，齊美爾也指出，談到把人視為一個整體，終究還是要等到歌德（Johann Wolfgang von Goethe, 1749-1832）的著作問世才講得清楚（齊美爾還為此寫了一篇名為〈康德與歌德〉〔*Kant und Goethe*, 1906〕的小論文來闡述這一點）。

齊美爾的康德論是從生命哲學的立場出發，進行條理分明的分析；在新康德派的全盛期中，要好好地在柏林大學獨排眾議開這樣的課需要過人的勇氣。

以上簡短諸點就是我在哲學修行時代，粗略的康德體驗記。

第十三回
棋逢敵手：謝林與黑格爾

每個領域或多或少都有這種敵對關係，但不知道為什麼哲學界有一種例子，這敵對雙方的關係特別引人注目，令人驚嘆。雙方原本是至親的師徒或摯友，但在某個時期交情決裂，之後各自在不同的領域發展有成。講得誇張一點，說他們各自建構了可以把世界史一分為二的偉大思想體系也不為過。

仔細觀察這兩個人可以發現，他們本來的個性就有天壤之別，年輕時容易被對方身上自己所沒有的部分吸引。但隨著思想逐漸成熟，開始構築自己的思想體系時，理所當然地就各自描繪出反映各自個性的兩種世界觀。接著如果學生和徒眾在一旁幫腔敲邊鼓，火上加油，兩人最後便反目成仇，割席絕交。

不過即使這兩人絕交，把對方視為競爭對手，也不會想將對方除之而後快，而是在競爭中隨著一方愈加強大，另一方也愈發成長，因此他們才能令世界史朝著兩個方向進展。

講到師徒關係，第一個聯想到的就是柏拉圖和亞里斯多德。其實亞里斯多德剛進入雅典學院時，柏拉圖並未給他什麼關愛的眼神。反而因為亞里斯多德靠著家裡的資助每天過著像貴公子一樣的奢華生活，讓柏拉圖對他頻頻皺眉。此外，雖然一直有柏拉圖還在世時，亞里斯多德就背反師門，離開雅典學院的傳聞，但亞里斯多德確實是「柏拉圖最正統的弟子」。

不過，亞里斯多德對於柏拉圖的理型論似有批判，這在《形上學》第一卷前後可以看得出來。亞里斯多德對於把萬物生滅視為「自然」的愛奧尼亞傳統較為信服，這與柏拉圖相信有一種究竟的原理，意即可以躲過生成消滅，永遠不生也不滅的「理型」，可說是兩種截然不同的世界觀。

眾所周知，柏拉圖主義與亞里斯多德主義這兩種世界觀在中世紀以後輪番流行，成為西方文化發展的基本原則，這裡面並沒有誰贏誰輸的問題。

下面要說的這件事，尺度與前述例子不同，但一樣是從師徒關係轉為尖銳的敵對關係。這個例子是二十世紀初的德國現象學之父胡塞爾，以及他在佛萊堡大學的學生，後來公認為現象學的繼承者，小他三十歲的海德格。海德格日後加入納粹黨，當過短暫的佛萊堡大學校長，成為希特勒支持者，當然被猶太裔的胡塞爾斷絕關係。

不久，胡塞爾在納粹體制壓迫下，於一九三八年孤獨死去。海德格則是在第二次大戰德國戰敗後被禁止任教，並因戰前戰中他支持納粹的言行而遭到嚴厲抨擊，最後度過慘澹的晚年。

這對哲學家師徒，並沒有哪一位被對方打敗，而是各自在戰後德國的思想界占有一席之地，在進入二十一世紀的現在仍然各據立場，旗幟鮮明。

好友反目的故事，若要舉比較接近我們時代的例子，可以談談尚－保羅．沙特（Jean-Paul Sartre, 1905-80）和梅洛－龐帝。

這兩個人原先是法國名校高等師範學校（Ecole Normale supérieure）的學長和學弟，並不是特別親近。第二次大戰末期他們兩人都投入法國地下組織針對軸心國的抵抗運動（Resistance），戰後也一起推動存在主義，兩人可能就是在此時建立起親密的友誼。但一九五〇年韓戰開打後，兩人在對馬克思主義的態度上出現嚴重分歧，且矛盾逐漸白熱化，最終在一九五五年分道揚鑣。

一九六一年，梅洛－龐帝以五十三歲之齡英年早逝，兩人永遠失去了和解的機會。他們的例子也是沒有誰輸誰贏。確實他們的思想深度沒有到把二十世紀後半的思想界一分為二那麼偉大，但是論兩人的影響力，哲學家梅洛－龐帝的成就與直面現實的思想家沙特的力量，可以說是棋逢敵手，不分軒輊。

若論少年摯友日後反目成仇的例子，這就要容我往前回溯一下，來談談德國哲學家謝林與黑格爾，他們的影響力才是巨大。

這兩位通常被列入德國唯心論的哲學譜系中。德國唯心論誕生於一七八〇年代體系化的康德哲學，時逢鄰國法國在一七八九年發生大革命，唯心論思想運動受到革命啟發而大幅開展，打造了德國哲學的黃金期。

這個運動經過費希特（Johann Gottlieb Fichte, 1762-1814）、謝林的提倡，再由黑格爾集其大成。從這一點看來，謝林是被黑格爾超越的哲學家，但其實兩人是杜賓根大學只差兩屆的學長和學弟，而且他們跟另一位詩人好友荷爾德林（Johann Hölderlin, 1770-1843）三人曾是在神學院宿舍每天一起廝混的室友。謝林比另兩人小五歲，但他天資優異，十五歲就進了大學，這在當時也是非常少見的。在他耀眼的語文天才面前，荷爾德林和黑格爾都相形失色。

他們在鄰國大革命的氛圍中，懷著憂喜交織的心情完成學業。謝林雖然在一七九五年才比另兩人晚兩年畢業，但天才光芒難掩，他的論文在九七年獲得當時威瑪公國首相歌德賞識，在其推薦下，隔年九八年他以二十三歲之齡獲得耶拿大學（Universität Jena）的助理教授教職。此時的耶拿大學是德國浪漫主義運動重鎮，名作家、思想家雲集，謝林也加入這群藝文人士，展開他精彩的創作生涯。

另一方面，黑格爾在畢業後，先後在伯恩和法蘭克福一邊擔任貴族的家庭教師，一邊苦讀，沉潛了好一陣子。一八〇〇年底，也許是不想再這樣沒沒無聞下去，他終於寫了一封信給謝林拜託他幫忙找工作。從當時留下來的信件可以看出黑格爾很不願意低聲下氣，口吻甚至有些倨傲。但說真的，要開口去拜託小自己五歲的小老弟，請他幫忙找工作，而且對方在文壇已經小有名聲，黑格爾的委屈也不是全無道理。

謝林很快就答應了，將黑格爾引介至耶拿大學，替他找了個講師（Privatdozent）[1]的職位。黑格爾搬去耶拿，使出畢生心力埋頭寫論文之餘，還去幫謝林編雜誌，不能說沒有一點奉承的意味。

但一八〇三年，謝林因為婚姻問題，再加上諸種麻煩事纏身而離開耶拿大學。黑格爾大約也鬆了一口氣，從此放開束縛，心心念念專注於學術工作。一八〇七年，他出版了讓他在哲學界立於不敗之地的重要著作《精神現象學》，這可是哲學史上少見的名作。不過，在付印前才完稿的序文中，黑格爾竟大肆攻擊謝林的學說，此舉讓兩人的友誼步上決裂之路。此時荷爾德林則因為戀情失敗而處於瘋狂的悲傷之中。

此後，黑格爾短暫任教於海德堡大學（Ruprecht-Karls-Universität Heidelberg），接著又被剛成立的柏林大學延攬為哲學系主任，可說是攀上德國哲學界的頂峰。他雖然心繫法國大革命，但仍謳歌理性的力量，「理性之物是現實的，現實之物是理性的。」他的講課總是聚集大批聽眾，他的學生很快就占領了全德各大學的重要教職。黑格爾可說是在德國思想界稱帝了。

另一方面，離開耶拿大學的謝林在德國南部的幾所大學輾轉任教，除了一八〇九年出版了一本小論文《對人類自由本質的研究》（*Philosophische Untersuchungen über das Wesen der menschlichen Freiheit*, 1809），算是回應了黑格爾的批判。此外他沒有再出版任何著作，名聲完全被黑格爾的盛名所掩蓋。後來他們曾幾度碰面，也在療養地的旅館中偶然相會，一起爬山，但似乎都無法挽回昔日的友情。

諷刺的是，一八三一年，六十一歲的黑格爾正值巔峰期時，卻因霍亂突然病逝；謝林則多活了二十多年，從他歷年的講稿中整理出所謂的後期哲學。後期哲學的主旨主要在批判當時盛行的頌揚理性的黑格爾哲學。黑

1 譯註：德國大學教師資格的一種。

格爾死後，一八三〇年代後期，正值馬克思（Karl Marx, 1818-1883）、恩格斯（Friedrich Engels, 1820-1895）的青年期，當時的德國年輕人相信理性的力量能夠改革社會，但卻一而再、再而三地撞上現實的高牆，充滿無力感。

在這些年輕人口耳相傳中，批判黑格爾理性主義的謝林著作逐漸廣傳，一八四一年他接任自黑格爾死後一直懸宕的柏林大學哲學系主任一職。他的學生中，出了馬克思主義創始人之一恩格斯、存在主義創始者丹麥哲學家齊克果、無政府主義教父俄國思想家巴枯寧（Mikhail Bakunin, 1814-1876）、瑞士文化歷史學家布克哈特（Jacob Burckhardt, 1818-1897）等當時歐洲的一流人才。

但謝林的授課以神學思辨的形式進行，非常難懂，往往令學生在感到幻滅後紛紛求去，課程甚至因此中斷。此後十數年，謝林仍持續進行在大學內外都被稱為「後期哲學」的研究工作。

有人認為後期哲學是齊克果存在主義思想的先驅，有人認為它是延續自十六、七世紀德國神祕主義者伯麥（Jacob Böhme, 1575-1624）的自然哲學，至今仍未有定論。無論如何，直到今天，謝林和黑格爾的對峙，勝負仍在未定之天。

第十四回
某種師徒：叔本華與尼采

一八六五年，剛滿二十一歲的尼采在波昂大學度過一年徬徨的生活後，搬到萊比錫。在一家二手書店，他不經意發現哲學家叔本華（Arthur Schopenhauer, 1788-1860）的著作《作為意志與表象的世界》（*Die Welt als Wille und Vorstellung*, 1818）。日後他寫了一段廣為人知的話，描述當時這段偶然的相遇，竟成了命運的交會：

我拿起這本對自己而言全然未知的書，翻開書頁瀏覽。我無法判斷，那時到底是什麼代蒙（daimon）[1]在我耳邊低語：「把這本書買回家吧。」

1 譯註：蘇格拉底所謂的精靈。

總之，結局是完全與我平日的習慣相反，我火速買下了這本書。

尼采回到家窩在沙發上開始讀這本書，「連續兩個星期我每天讀到半夜兩點，終於撐不住了才上床，清晨六點一到就又起床。」如此廢寢忘食埋首書中，因而受到叔本華決定性的影響。

其實在尼采買下《作為意志與表象的世界》的時候，這本書並非剛出版的新書。它早在半世紀前的一八一九年就已經出版了，而且還是一本滯銷書。

這本書是叔本華的主要著作，他獨排眾議，反對德國唯心論哲學家的論點，提出自己對康德哲學的看法。

康德哲學的核心是二元論，把世界明確區分為二，一是現象界（phenomenal），一是本體界（thing-in-itself）。前者是我們透過認識裝置（意即空間／時間這種感性的接收形式與知性的結合形式）加工而成的，被我們「認識」的對象。後者則是物體自身的世界，也就是未受任何認識裝置的因果關係所束縛的本體世界，它是道德的實踐場域。

但費希特、黑格爾等德國唯心論者，把康德哲學中被認為有潛在矛盾的本體論概念排除，主張一元論——即人類透過理性所建構出來的現象界。叔本華則不然，他承認作為根本存在的本體，認為本體就是「意志」。

再者，由於時間和空間這些個別化的原則只存在於現象界（作為「表象」的世界）、不存在於本體界，因此叔本華認為「意志」應該是超越時間的巨大意志，是一種根源性的存有，既包含生物也包含無生物，體現自然的全體，是種不顧一切只管求生的生命衝動，他稱之為生命意志（Wille zum Leben）。

十八世紀初期的德國哲學家萊布尼茲主張，這個世界是神從「眾多可能的世界之中」所揀選出來並將之實現的「最好的一個世界」，這種思維被稱為「樂觀主義」（optimism）。但一七五五年十一月一日，天主教國家葡萄牙首都里斯本發生大地震，災情極為慘重。法國哲學家因而強烈抨擊萊布尼茲的樂觀主義，興起了觀點相反的「悲觀主義」風潮，認為這世界與神的意志或道德上的善惡無關，是個完全受到盲目的生命意志所操控、弱肉強食的悲慘世界。叔本華的思想，就是在這樣的背景中誕生的。

先前一般認為，德國唯心論主張世界是個人所見的表象，人類透過理性可以改革世界，但隱含著可能引發法國大革命的恐怖統治的危險；相對地，叔本華一八一九年的《作為意志與表象的世界》主張這世界是最悲慘的世界，則可視為一八一四至一五年維也納會議[2]之後瀰漫歐洲的絕望氣氛的體現。這看法雖然有意思，但這本書在當時其實幾乎是完全滯銷。出版十六年後，叔本華詢問出版社書的銷售情形，得到的答案是大部分的庫存都銷毀了，只剩下少數幾本。

一八二〇年，叔本華在柏林大學找到講師教職，雖然沒有薪水，但是有開課的機會。那時正是黑格爾在柏林大學稱帝的時代，他把自己的課跟黑格爾的課排在同一時段，因此學生寥寥無幾，又因對黑格爾有諸多批評，最後不得不離開柏林大學。

一八四八年，法國發生二月革命、德國發生三月革命，革命風潮看似席捲半個歐洲，最後卻都以失敗收場，期待改革的人們陷入空虛幻滅的絕望感中，反倒使得叔本華的書大受歡迎。一八五一年，充滿機智格言的續集《附錄與補遺》（*Parerga und Paralipomena*, 1851）出版，對推動叔本華風潮的流行也功不可沒。他的名氣一夕之間水漲船高，來法蘭克福求見他的人絡繹不絕。

一八五四年，德國音樂巨擘華格納（Wilhelm Richard Wagner, 1813-1883）將他的歌劇作品《尼伯龍根的指環》（*Der Ring des Nibelungen*, 1854）題上「為了他對深刻音樂的理解」的獻詞，獻給叔本華。一八五八年叔本華七十歲誕辰時，收到了來自全世界的祝賀。

但這一天來得太晚了。兩年後，一八六〇年九月二十一日，叔本華一如往常一個人在桌前吃早餐，一小時後女房東來看他，只見他仍坐著不動，已經斷氣了。

尼采讀到《作為意志與表象的世界》時，距離叔本華過世已經五年。一八六八年，他與同樣崇拜叔本華的華格納成為好友，兩人對叔本華都非常有共鳴。

隔年，尼采的才華受到賞識，雖然他才二十四歲而且尚未取得萊比錫

2 譯註：奧地利、英國、俄國、普魯士和法國在維也納舉行的外交會議，旨在解決法國大革命與拿破崙戰敗所引發的問題，企圖平衡列強權力，重建歐洲和平。

大學學位，但瑞士巴塞爾大學古典語文學系破例錄取他擔任兼任教師。

三年後的一八七二年，尼采出版《悲劇的誕生：源於音樂的靈魂》，探討古希臘悲劇的藝術形式問題，是他第一本思想方面的作品。但這篇論文與當時學界偏好細緻的實證推理的論文寫作方式大異其趣，再加上書中的希臘觀與當時的普遍看法大相逕庭，因此歐洲的古典語文學界對這本書一開始是冷眼無視，不久批判的聲浪越來越強。

當時歐洲人認為，古希臘那些精緻美麗的造型藝術，奧林帕斯山那些形象鮮明的諸神所表達出來的精神是開朗、樂觀的。

但尼采卻說，古希臘民族的靈魂深藏著一份激情與隱晦的厭世觀，來自從小亞細亞傳入的祕密祭典，祭祀象徵性放縱的酒神戴奧尼索斯（Dionysos）。為了超越這份黑暗厭世觀，古希臘人才創造出像太陽神阿波羅這般姿態美麗的神的形象與造型藝術，以象徵奧林帕斯山的諸神。尼采還說，希臘戲劇中的歌唱隊（Chorus）合唱起源於戴奧尼索斯祭典中狂亂的酒神讚歌，舞台上演員的表演則是戴奧尼索斯的夢中幻影（阿波羅的形象）之再現。古希臘人完美地調和了這兩種對立的元素，「悲劇」因而誕生。

尼采在此所提出的「戴奧尼索斯式」元素與「阿波羅式」元素，明顯繼承自叔本華的「意志」與「表象」。而叔本華的這兩個相對的概念又來自康德的學說，「意志」與本體界有關，「表象」則是與現象界有關。而康德的學說，無疑繼承、修正自萊布尼茲的單子說（Monadology）。萊布尼茲認為世界是由自足的實體所構成，他稱這實體為「單子」（Monad）；單子有兩種屬性，一是「欲望」，另一個就是「表象」。

而且在這個譜系當中，尼采比較偏重「意志／欲望」，意即以萊布尼茲—康德—叔本華這個「德國形上學」的傳統為發想起點，並加以超越，繼而創造出自己的思想。

為什麼這麼說呢？因為尼采在一八七四年出版的《不合時宜的考察》（*Unzeitgemässe Betrachtungen*, 1874）第三篇〈教育家叔本華〉中盛讚叔本華，但兩年後他就與同樣心儀叔本華、曾經一度非常欣賞的華格納漸行漸遠，同時間他也擺脫了叔本華的魔咒，徹底拋棄他的哲學，創造出屬於自己的獨特思想。

一八八〇年代前半，尼采花了三年時間寫了由四部曲所組成的長篇哲學詩《查拉圖斯特拉如是說》（*Also sprach Zarathustra,* 1883-1885）。在這段期間，他也許多少受到達爾文主義（Darwinism）的影響，企圖重新檢視「生命」的概念。意即，先前的生命是受到與「理性的阿波羅式元素」相對的「戴奧尼索斯式元素」所支配，無方向、無構造、僅只由混沌的欲望所組成，現在他希望將生命「變得比現在更強、更大」、更具有方向或層次結構，也就是說將生命變成包含著阿波羅式元素的戴奧尼索斯式生命，他稱之為權力意志（Der Wille zur Macht / will to power）。

另一個例子則是，叔本華曾經說藝術是能夠鎮定狂暴生命衝動的「鎮定劑」，但尼采在後來則高唱「藝術是生命的偉大興奮劑」，完全否認了精神導師的主張。

尼采在一八八〇年代後期，打算以「權力意志」為思想主軸來撰寫一本「重要的哲學著作」。但在幾度構思修改的期間，一八九八年年初他旅居義大利都靈時突然在街上精神病發作，起因可能是學生時期感染的梅毒宿疾，這本「重要的哲學著作」因而未能完成。此後十年，尼采先後由母親和妹妹照顧，在瘋狂的陰影中度過餘生，不過這是後話了。

尼采雖然沒有直接接觸叔本華，卻受到深刻影響，之後又徹底反叛，這麼說來他們之間的關係到底能不能算是師徒呢——我其實也沒有十分的把握哪。

第十五回 哲學家與女性

既然提到了叔本華，就一定要談談他和母親的關係。上一章沒寫主要是限於篇幅，另一方面則是想趁此機會單獨寫一篇哲學家和女性這個主題。歷史上，哲學家和女性的關係，經常稱不上幸福美滿。

那麼，就從叔本華和他母親開始吧！亞瑟・叔本華於一七八八年生於波羅的海旁的但澤（Danzig，位於今日波蘭境內），父親經商，原本在但澤做生意，後來舉家遷居到漢堡（Hamburg，位於今日德國境內）。他在一八〇五年疑似自殺過世，留下大批遺產。

叔本華的母親約翰娜（Johanna, 1766-1838）個性熱情活潑，富有文學天分，但和丈夫的感情並不融洽。因此丈夫死後她帶著孩子搬到威瑪（Weimar），開始追求自己的幸福。她一邊在宮廷任職，一邊寫小說，成為非常受歡迎的暢銷小說家，連大文豪歌德也很欣賞她。

至於兒子亞瑟．叔本華在父親還在世時被迫學商，父親死後他終於如願以償投入學術生涯。他在威瑪延請家教教授希臘文和拉丁文，進步之神速連老師都感到相當驚訝。

但這對母子的感情實在糟到極點。一八一三年，兒子難得地將學位論文《論充足理由律的四重根》（*Über die vierfache Wurzel des Satzes vom zureichenden Grunde*, 1813）獻給母親，母親卻嘲笑道：「怎麼看都像是給藥劑師讀的書。」兒子大怒，回嘴道：「我告訴妳，總有一天妳的那些書在倉庫裡半本也找不到，而我的書還是有人讀！」母親聽了，就像平常一樣毫不示弱地毒舌回敬：「對啦，但就算到那時候，你的書還是一本也賣不掉。」確實，那時候母親的書比兒子的暢銷多了。

另一方面，兒子很崇拜母親的好友歌德，歌德也看出這個年輕人資質非凡。他向約翰娜讚美她兒子的才能，沒想到母親立刻勃然大怒：「沒聽過一家會出兩個天才！」一怒之下居然把兒子跟歌德一起從樓梯上推下去。於是兒子恨恨地向母親說：「以後沒有人會知道妳是誰，只會因為我而記得妳！」當時叔本華不服輸的話，今日看來竟然一語成讖。

這對母子從一八一四年五月決裂，到一八三八年母親過世為止，整整二十四年再也沒有見過面。

叔本華終身未婚，知心朋友一個也沒有，只有一隻叫做「Atman」（意為「靈魂」）的獅子狗陪他在法蘭克福的住處度過最後三十年。他非常討厭女人，一八二〇年發生了一件事，有個中年女裁縫在他家樓梯間大聲聊天，他竟然將她推下樓，導致女裁縫重傷。法院判決他必須每個月支付女裁縫慰問金，賠償她一輩子。二十年後女裁縫終於死了，叔本華在日記上寫下：「老婦死，重負釋。」（obit anus, abit onus.）

✠

至於尼采與女人的故事裡，埋下悲劇種子的是小他兩歲的妹妹伊莉莎白（Elisabeth Förster-Nietzsche, 1846-1935）。兄妹倆從小感情融洽，伊莉莎白叫哥哥「弗立茲」[1]，尼采則以南美動物羊駝（Lama）的名字給妹妹取

1 譯註：尼采的名字是弗里德里希〔Friedrich〕。

了一個小名「拉瑪」。

一八八二年，尼采透過德國年輕哲學家保羅・雷（Paul Rée, 1849-1901），結識了俄羅斯貴族出身的女作家露・沙樂美（Lou Salomé, 1861-1937），陷入複雜的戀愛關係，二人開始奇妙的共同生活。不料妹妹伊莉莎白介入了尼采的感情，不斷中傷沙樂美，導致尼采和沙樂美分手，兄妹的感情也出現裂隙。

伊莉莎白在三年後的一八八五年嫁給反猶太主義者佛斯特（Bernhard Förster, 1843-1889）。隔年她不聽哥哥勸告，和丈夫等十四個家人一起移民南美洲巴拉圭（Paraguay）中部的荒地，夢想去建設一個純粹亞利安人的殖民地「新赫爾馬尼亞」（Nueva Germania）。

伊莉莎白就這樣暫時遠離了哥哥，但一八八九年六月，丈夫因為殖民事業失敗而自殺，伊莉莎白又回到德國，繼續影響哥哥的命運。

就在這一年年初，尼采在義大利都靈（Turin）的街上精神病發作，住院十四個月之後回到故鄉。因為尼采終身未婚，此時由母親負責照顧他。

此時伊莉莎白再次回到德國處理南美洲新殖民地事業的善後，同時也監督母親照顧精神失常的哥哥。一八九七年母親過世後，她便搬到威瑪和哥哥同住，指導接替母親照顧哥哥的看護士。在一群年輕助手的幫助下，她還著手編輯尼采的著作和遺稿，並執筆撰寫他的兩本長篇傳記。

透過這些工作，她同時巧妙地實現了三個目的：一、把哥哥神格化；二、將自己創造成哥哥的心靈伴侶、唯一理解他的人；三、盡可能「美化」——其實是按照自己的心意任意解釋——哥哥的哲學。

接著，她甚至偽造、竄改尼采的信件，並以她對尼采哲學淺薄的認識，編輯他最後的遺稿，出版了「尼采的主要著作」《權利的意志》（*Der Wille zur Macht*, 1901）。而且她晚年還協助過納粹，與希特勒友好，將尼采哲學作為納粹統治之用。

確實，因為有伊莉莎白所下的工夫，尼采的哲學才能在世上發光發亮；尼采的任何斷簡殘篇她都仔細收集，對其思想推崇備至，這一部分她功不可沒。但不容否認的是，伊莉莎白確實大幅歪曲了尼采的思想。她被批評為災難的種子，只能說其來有自，難以反駁。

✠

一般來說，十九世紀之前出現在哲學史上的女性寥寥可數。在哲學的誕生地古希臘，人們所推崇的是同性之間的少年愛，幾乎不見女性的身影。

例如，蘇格拉底身邊最多也只有三個女人：有名的悍妻贊西佩（Xanthippe），替他生了三個兒子；他還有另一個妻子，名將「正義的」阿里斯提德（Aristides）的孫女蜜爾特（Myrto），跟蘇格拉底生了兩個兒子；再來就是柏拉圖《會飲篇》（*Symposium*）中蘇格拉底提到的老師曼丁尼亞（Mantinea）的女巫——第娥提瑪（Diotima）而已。

至於柏拉圖，他不但沒結婚，還有個同性戀人，出身西西里島的政治家敘拉古的狄翁（Dion of Syracuse, 408/9-354 B.C.）。而亞里斯多德雖然結了婚，但他太太本是小亞細亞的阿索斯（Assos）僭主的側室，亞里斯多德寄居在此時，僭主將自己的側室讓給他作妻子。

之後在哲學史中出現的女性，根據第歐根尼・拉爾修的《哲人言行錄》，蘇格拉底這一脈衍生出的犬儒學派中有一位女學者希伯嘉（Hipparchia, 350-280 B.C.），不過我覺得她的故事沒那麼精彩。

再來就要介紹公元四世紀後半，出身亞歷山卓學術世家的希帕提婭（Hypatia, 370-415）。

她父親席昂（Theon of Alexandria, 335-405）也是哲學家，她從小跟隨父親學習天文學和數學，年紀輕輕就校訂托勒密的《天文學大成》第三卷。三八〇年代後半她開設自己的學校，講授柏拉圖、亞里斯多德以及普羅提諾的新柏拉圖主義。

據說她美貌與知性兼具，終生保持處女之身，平日穿著樸素的白色長袍，對任何事情都保持平靜客觀的態度。

但因為她是異教徒，招致亞歷山卓主教聖濟利祿（Cyrillus Alexandrinus, 376-444）的厭恨。四一五年一群基督徒在街上埋伏攻擊她，將她擄至一間教會裡脫光衣服毆打致死，還用貝殼刮下她的肉，焚燒屍骨之後丟進河裡。

主謀者聖濟利祿主教因為消滅異教徒有功，在羅馬天主教和東正教兩個教會中都被封為聖人。

接下來出現在哲學史上的女性，就是前文提過的奧古斯丁的母親莫妮卡了。

中世紀的哲學家都是神職人員，與女性的關係自然比較淡薄。一旦鬧出問題，大概就會變成像法國經院哲學家阿伯拉（Pierre Abélard, 1079-1142）與少女哀綠綺思（Heloise, 1101-64）那樣沸沸揚揚的愛情故事了。

到了近代，哲學家仍以單身者居多。有人是真正的單身，也有人像笛卡兒這樣僅僅表面上單身。若不刻意區分這兩種情形，布魯諾、法蘭西斯．培根（Francis Bacon, 1561-1626）、霍布斯（Thomas Hobbes, 1588-1679）、伽桑狄（Pierre Gassendi, 1592-1655）、笛卡兒、帕斯卡（Blaise Pascal, 1623-62）、洛克（John Locke, 1632-1704）、斯賓諾莎、馬勒布朗奇（Nicolas de Malebranche, 1638-1715）、萊布尼茲、伏爾泰（Voltaire, 1694-1778）、康德，全都單身，無一例外。再加上晚近的叔本華、尼采、維根斯坦（Ludwig Wittgenstein, 1889-1951）一個個繼承了單身的傳統，看來哲學家與女性，似乎是不太合得來。

第十六回
哲學與心理學的拔河戰

這麼形容雖然有點誇張，不過十九世紀下半葉到二十世紀上半葉，哲學和心理學之間可說是發生了激烈的拔河戰。

而且，當時身為歐洲學術重鎮的德國與法國，兩種學門的情勢完全相反，發生了許多讓後人彷彿霧裡看花、似懂非懂，但又值得玩味的事情。

西方哲學最早研究心理方面的學問大約是從亞里斯多德的《論靈魂》（*Psyche*）開始，至十六世紀末定名為**psychologia**（心理學），屬於哲學的一個重要領域。但此時的心理學主要是觀察自己內心，以內心的現象作為依據來進行推論，是一種主觀的、思辨的學問，可說是「哲學式的心理學」。但十九世紀下半葉興起一股風潮，學者想將心理學改頭換面為自然科學式的實證科學，成為奠基於客觀上可證明的事實的學問，意即「實驗心理學」（Experimental Psychology）。

第一個提出這個研究方向的是德國物理學家兼哲學家費希納（Gustav Theodor Fechner, 1801-1887）。一八六〇年，他秉持唯心一元論的立場，企圖透過科學方法證明精神與身體兩者存在著「量」的對應關係，稱為「心理物理方法」（Psychophysical method）。將此研究方法發揚光大，從而奠定生理心理學（physiological psychology）基礎的是被譽為德國實驗心理學（Experimental Psychology）之父的威廉・馮德（Wilhelm Maximilian Wundt, 1832-1920）。

馮德在柏林大學師事生理學家穆勒（J. Muller, 1890-1967），接著在海德堡大學跟隨當時德國科學界第一把交椅亥姆霍茲（Hermann Ludwig Ferdinand von Helmholtz, 1821-1894）研讀醫學和生理學，不久他的興趣從感覺生理學（sensory physiology）轉往生理心理學。一八七九年，他在萊比錫大學哲學系創設了世界第一間心理學實驗室。

馮德自己對廣義的心理現象有興趣，引入向內觀察反省的內省實驗法，重視意識的統覺作用甚於經驗元素的聯結律（law of association）。不過，在他指導之下創設的實驗心理學剛開始時是專注於感覺元素的研究取向。

這種研究有一個生理學上的假設，認為一切的心理現象起因於感覺器官接受到特定的物理刺激，引起了生理興奮，它透過神經網路傳向中樞神經後，被解譯為特定的感覺，例如「紅色」、「青色」之類。根據這個假設，我們可以透過實驗來確認何種物理刺激會固定引起何種感覺，甚至還可以確認刺激的強度與感覺的強度在量上的比例關係。

這種感覺元素的實驗研究由於找了很多位受試者，可以得到高度客觀的結果。事實上，實驗心理學當初的感覺研究也取得了非常顯著的成績。於是實驗心理學期待能夠進行更高層次、更複雜的研究，以證明所有的心理現象——包括數學的／邏輯的認知、倫理的／審美的判斷等——都可以用實證方式來解釋。

如此一來，曾經是哲學的分科之一的心理學便得以獨立為一門學科，甚至成為有可能成為哲學式思考的基礎。這種視心理學為哲學基礎的看法，叫做「心理學主義」。

在德國，從一八八〇年代起這嶄新的實驗心理學便在大學哲學系的一角站穩了位子，並從科學的立場開始對心理學在傳統上附屬於哲學這個問題積極發聲。

實驗心理學的代表性學者，有馮德和他的學生寇爾佩（Oswald Külpe, 1862-1915），費希納的學生艾賓豪斯（Hermann Ebbinghaus, 1850-1909）與繆勒（Georg Elias Müller, 1850-1934），維也納大學的布倫塔諾（Franz Brentano, 1838-1917）和學生斯圖姆夫（Carl Stumpf, 1848-1936），他建立了音響心理學（acousticopsychology），以及在慕尼黑大學研究空間感知和同理心的立普斯（Theodor Lipps, 1851-1914）。

但這些實驗心理學者的主張帶給年輕的哲學學者莫大威脅感。第一次世界大戰開戰前的一九一三年，德國哲學界幾個舉足輕重的新康德派學者如文德爾班（Wilhelm Windelband, 1848-1915）、李凱爾特（Heinrich John Rickert, 1863-1936）、拉斯克（Emil Lask, 1875-1915）、那托普（Paul Gerhard Natorp, 1854-1924）、柯亨，還有一些哲學作家，跟社會學者兼哲學家齊美爾、現象學之父胡塞爾、當時還是新銳學者的文化哲學家卡西勒

（Ernst Cassirer, 1874-1945）等來自德國、奧地利和瑞士的一百零六位哲學家，在哲學學術刊物《康德研究》與《邏輯》上共同連署了一份聲名，抗議學界讓實驗心理學的教授開設哲學課程。

由此可見，雖然只進行到感覺研究的層次，但實驗心理學紮紮實實的研究成果不斷發表出來，帶給當時的德國哲學界如此大的威脅，實在是很有意思的事。

✠

而鄰國法國卻剛好相反。在此後的半世紀直到一九五〇年代，也就是到了第二次世界大戰結束後，實驗心理學出身的學者依然在坐冷板凳。

巴黎大學也有生理心理實驗室，由智力測驗的創始者比奈（Alfred Binet, 1857-1911）與貢獻卓著的實驗心理學者皮隆（Henri Pieron, 1881-1964）相繼擔任實驗室主任，且法國歷史最悠久的研究機構法蘭西學院也聘請兒童心理學者瓦龍（Henri Wallon, 1879-1962）擔任心理學教授，但這都不在正統的學術教育體制內。體制內的課只有巴黎大學（當時稱為巴黎大學文理學院）設有「兒童心理學與教育學」課程。

但這課程的老師，直到二次大戰結束後仍然只聘任哲學系出身的學者，從未有實驗臨床心理學者受到推薦候補的例子。

就算是一九四九年頒發的人事令中，巴黎大學依然從里昂大學聘請哲學家梅洛－龐帝來擔任這個課程的教授。第一個教授此課程的心理學家是瑞士學者皮亞傑（Jean Piaget, 1896-1980），他是在梅洛－龐帝被選為法蘭西學院院士並辭去教職之後才接替其位的。

法國非常重視哲學教育。設立於大革命末期的高等學校（中等教育後半期的學校）一直保有哲學教育的傳統，尤其是最後一年被稱為「哲學級」，所有班級都要上哲學課。人文學組每週要上八小時，經濟．社會組要上五小時，就算是自然科學組每週也要上三小時。

大學入學測驗中，法文科和哲學科所占的比例極大。測驗方式是先以古今哲學家的文章作閱讀測驗，再回答基本概念並就文章的要旨加以申論。

而且，測驗的成績將直接影響考生是否能進入高等師範學校、理工科學校等高等專業學院名校。學生若能從這些學校畢業，等於未來就有了保障，可以想見這樣的考試制度助長了學術上的保守主義，有利於延續守舊派勢力。在這樣的制度下，心理學教學權是哲學家手中的既得利益，他們不願意放手也是可想而知的。

第一位在巴黎大學教授兒童心理學的心理學家皮亞傑，不僅是兒童心理學的改革者，也是認知發展論（Cognitive-developmental theory）的創始人。就算時間已經到了一九六五年，他仍抱著對哲學的一種恨意寫了名為《哲學的智慧與幻想》（*Sagesse et illusions de la philosophie*, 1970）的書，這樣的心情不難理解。他寫道：

> 簡而言之，法國大學有一個不容懷疑的永恆潛規則，那就是心理學是哲學的一部分，任何哲學家都可以教心理學，反過來則不成立。因此，擁有哲學教授資格的人無所不知，當然沒有能否教心理學的資格問題。如果有人要做實驗研究，隨便找個地方做就好了，就算不做也沒關係。

其實在此不久前，法國哲學家沙特（Jean-Paul Sartre, 1905-80）才剛發表了《想像力》（*L'Imagination*, 1936）、《情緒論素描》（*Esquisse d'une théorie des emotions*, 1939）、《想像力的問題》（*L'Imaginaire*, 1940）等論文，可以稱之為現象學取向的心理學研究。而梅洛－龐帝也出版了《行為的結構》（*La structure du comportement*, 1942〔此處的行為是指動物行為〕）、《知覺現象學》（*Phénoménologie de la Perception*, 1945）等既是生理學也是心理學的著作。其研究既沒有實際觀察也沒有實驗，若說他們是心理學家似乎是侵犯了心理學的領域。皮亞傑在前述書中對這兩位的作為也毫不留情地嚴厲批判。

✠

就這樣，雖然前後差了一點時間，但是無論德、法，講求科學實證的實驗心理學總算是脫離了哲學（或說哲學式的心理學）的門庭。而在同一世紀的轉換期中，還有一個學科，那就是原本附屬於醫學之下的臨床心理學（例如佛洛伊德的精神分析與榮格的分析心理學）也各自單飛為獨立的學術體系。臨床心理學出走的故事同樣充滿戲劇性，非常精彩，不過現在已無餘裕介紹，只能另待他日了。

第十七回
也算朋友：海德格與雅斯培

我剛進大學念哲學系時，是一九五〇年，第二次世界大戰日本戰敗後的第五年，那時正值存在主義的全盛期。存在主義的代表人物是海德格與雅斯培（Karl Theodor Jaspers, 1883-1969）。「存在主義」一詞是雅斯培提出的，海德格則拒絕使用這個詞來稱呼自己的思想。

這兩個人同屬一個時代、同屬一派思潮，可以說是某種對手的關係。我曾私下猜想，他們如果見了面，應該會非常合乎社交禮儀地問候寒暄，但沒有什麼深交的可能。

而且這兩位不管是出身、個性、經歷，甚至連照片中的模樣，看起來都幾乎是南轅北轍，非常極端。

海德格出生於德國南部的小鎮，他父親在天主教教堂任司事

（sexton，指教堂裡的行政人員），也是製作木桶的匠人。他中學時得到天主教會的獎學金，畢業後進入佛來堡大學，先攻讀亞里斯多德、經院哲學，不久接受現象學之父胡塞爾的指導，有一段時間甚至被比喻為現象學的繼承人。他雖然原本的志向是成為神學家，但也一直接受正統的哲學典籍研讀訓練。此外附帶一提，他的外貌算不上英俊。

至於年長海德格六歲的雅斯培，出生於鄰近北海的歐登堡（Oldenburg），父親是富有文化素養的銀行家。雅斯培年輕時本來念法律，後來轉攻醫學。他在歐登堡大學專攻精神醫學，一九一三年完成規模宏大的《一般精神病理學》（*Allgemeine Psychopathologie*, 1913），在精神醫學領域確立了地位，隔年他取得心理學教授資格，開始在大學教書。但這年夏天第一次世界大戰爆發，他深受震撼。戰爭結束的隔年一九一九年，他出版了《世界觀的心理學》（*Psychologie der Weltanschaungen*, 1919），踏出哲學研究的第一步。一九二一年獲聘為海德堡大學哲學系的兼任教師，隔年成為正式教授。明明讀書時完全沒接觸過哲學卻成為哲學教授，顯示雅斯培具有多方面的才華，不管做什麼都能取得亮眼的成績，是一個聰穎過人、風采翩翩的學者。

這兩個人是如此的南轅北轍，擁護者自然也是壁壘分明。一如俄國文學家托爾斯泰（Leo Nikolayevich Tolstoy, 1828-1910）和杜斯妥也夫斯基各有各的讀者，喜歡托爾斯泰的讀者就不會讀杜斯妥也夫斯基的小說，倒過來也是一樣。當然，兩人的評價也是勢均力敵。順帶一提，我是屬於海德格派的。

這兩位在生前也未曾提及與對方有什麼交集，因此人們理所當然地認為他們之間的關係應該只有點頭之交的程度。

但雅斯培死後，後人在他書桌上發現三百多張筆記，斷續記載著與海德格有關的事，撰寫的時間從一九二八年到一九六四年，長達三十六年，於一九七八年集結出版為《有關馬丁．海德格的筆記》（*Notizen zu Martin Heidegger*, 1978）。這份筆記顯示他和海德格從年輕時就相交甚深，而且對雅斯培而言，海德格是他一生中非常在意的人。

在《有關馬丁．海德格的筆記》出版前一年，一九七七年，雅斯培另一本書《哲學自傳》（*Philosophische Autobiographie*, 1977）也出了增訂版，增加了在初版中被刪除的文章，記錄著他與海德格的往來。此外，一九九〇年兩人的通信（*Martin Heidegger / Karl Jaspers·Briefwechsel 1920-1963*, 1990）也集結出版，讓我們更具體地看到兩人年輕時親密的關係。

✠

他們第一次碰面的時間是一九二〇年，場合是胡塞爾在佛萊堡家中舉辦的六十一歲慶生宴會，雅斯培和海德格都是座上賓。當時雅斯培已經出版了上述兩本著作，儼然是哲學界的耀眼新星。而海德格的哲學課雖然在學生口耳相傳之下廣受歡迎，但在公開場合仍只是個名不見經傳的佛萊堡大學講師。

海德格在這種中產階級社交場合裡鬱鬱寡歡的氣質深深吸引了雅斯培，於是隔天他前往海德格家中拜訪，告訴海德格自己對他的沉默深有共鳴，兩人很快就親近起來。於是雅斯培夫妻就在海德格家用晚餐，並邀約海德格下次來自己家裡作客。幾天後，海德格趁著前往海德堡演講的機會繞道至雅斯培家中，兩人相談甚歡，但海德格似乎沒在他家留宿。

之後兩人開始魚雁往返，一起批判當時專談理論的哲學界，視對方為自己的「戰鬥同志」。一九二三年十月，第一次世界大戰結束後的經濟蕭條中，雅斯培出了一千馬克的錢（海德格遲至一九二八年五月底才歸還，不過是連同利息一起）給籌不出旅費的海德格，邀他來家裡一敘，住了八天。不過雅斯培的房子並非豪宅，只是在書房中放一張沙發讓他睡覺而已。

當時海德格帶了《亞里斯多德的現象學解釋》（*Phänomenologische Interpretation zu Aristoteles: Einführung in die phänomenologische Forschung*, 1921/22）後來他稱之為「《存在與時間》的最初稿」）的初稿請雅斯培過目。雅斯培日後在自傳中提到此事：「我看不懂他在寫什麼，於是逼他用自然一點的說法來寫。」

一九二三年，海德格終於憑藉這本《亞里斯多德的現象學解釋》初稿得到馬爾堡大學認可，獲聘為客座教授。此後海德格依然經常前往雅斯培家中作客，兩人維持著密切的往來。

一九二五年十月十七日起，海德格在雅斯培家裡留宿數日；一九二七年元旦，海德格為了找雅斯培討論即將出版的《存在與時間》，還帶著最後的校稿去他家，兩人一起工作了好幾天。

一九二七年二月，海德格公認最重要的著作《存在與時間》終於出版，被評為「宛如閃電一般劃過天際，瞬間改變了德國哲學界的形勢」。確實，就靠著這本書，海德格一舉成為二十世紀代表性的思想家（雅斯培則是在一九三一年出版他在哲學上的主要著作三卷本《哲學》（*Philosophy*, 3 vols, 1932），和海德格相抗衡）。

同一年十月下旬，雅斯培夫人不在家的這段期間，海德格依然前來作客一週，和雅斯培聊謝林的話題。隔年，一九二八年二月二十八日，海德格為了申請調往佛萊堡大學必須到教育部一趟，也是借住在雅斯培家，四月下旬又來住了好幾天。這一年的冬季學期，海德格回到佛萊堡大學接任胡塞爾哲學講座的職位。

一九二九年十二月上旬，海德格再度因為到海德堡演講，在雅斯培家暫住四天。隔年他前往柏林途中也拜訪雅斯培一晚，三二年時海德格夫婦又在旅途中往訪雅斯培，在他家共進晚餐。

雅斯培在自傳中寫道：「三三年三月底，是海德格最後一次來家裡看我，停留了較長的時間。雖然三月選舉時納粹黨獲勝，但我倆未受影響，依然相談甚歡，一如以往。」據說，這一回海德格在離開時表示：「我不得不加入納粹黨。」（其實在當年的六月三十日，海德格因為要到海德堡演講，仍去拜訪了雅斯培一次。）

雅斯培之所以說「最後一次」，毋寧是因為過了不久，四月二十一日海德格便就任佛萊堡大學校長，五月一日加入納粹黨，發表宣誓為希特勒政權效忠的演講，事實上兩人等於是絕交了。

也許是因為我自己跟那時的德國人習慣不同吧，我看到海德格拜訪、留宿在雅斯培家的方式，就冷不防想起太宰治的短篇小說〈親友交歡〉（收錄在《維庸之妻》）裡那厚臉皮的鄉下人。雅斯培真是可憐。

這可不是我小人之心的揣測。一九二四年雅斯培出版了《大學的理念》（*Die Idee der Universität*, 1924），卻聽人說這本書被海德格形容成「有史以來最無聊的書」。後來海德格到他家時，雅斯培問他是否真這樣說過，海德格否認了，但這個疙瘩並沒有消失。

還有，這兩對夫婦只共同聚餐過兩次，那就是一九二〇年四月第一次剛認識時在海德格家，以及三二年的第二次在雅斯培家。但就在這僅僅兩次的聚餐中，海德格夫人艾芙瑞德（Elfride）比她丈夫更懷有反猶太情緒，她對雅斯培的猶太裔夫人葛楚德（Gertrud）表現出「冷淡而輕蔑的態度」，讓雅斯培始終耿耿於懷。他日後在《有關馬丁・海德格的筆記》中如此宣告：「從一九二〇年到三三年為止，即使海德格與我如此頻繁往來、關係深厚，但我絕對不會稱他為我的朋友。」

一九三七年納粹當政時，當局曾勸告雅斯培跟葛楚德夫人離婚以保住工作，但雅斯培拒絕了。他因此被剝奪教授一職，夫妻倆被迫封口，幽禁在家。

德國戰敗後，海德格理所當然地因為他在戰爭期間的言行而受到無限期禁止教職的處分。但他的學生也曾是情人的漢娜・鄂蘭（Hannah Arendt, 1906-1975），當時已經移居美國成為知名的政治哲學家，她極力說服雅斯培，請求他放下根深柢固的敵意為海德格辯護。終於，如同眾所周知的，海德格在一九五一年復職，而雅斯培則在同時間離職。

這麼看來，不管怎麼說，雅斯培人品之高尚和海德格性格之低劣，真的是有目共睹。但就算知道這些，也完全不減海德格的著作與教學在我心中的魅力，這到底是怎麼回事，我自己也覺得不可思議。

第十八回
想想馬赫

大概三十年前吧，一九八〇年左右，我在東京街頭發生了一件讓我大吃一驚的事。那時我走在一個T字型路口的縱向道路上，那是一條緩斜坡，我很難得地一邊走一邊專注想事情。當時我腦袋裡想的是十九世紀奧地利物理學家恩斯特．馬赫（Ernst Mach, 1838-1916），他的研究對許多領域都有重大影響。我走著走著，無意間抬頭一看，竟發現這下坡路正前方出現一幅約高三公尺、寬十公尺的巨大廣告看板，大紅底色上反白字大刺刺地、斜斜地揮灑著：「一馬赫」（マッハＩ）。

一時間我楞住了，還以為自己心裡的念頭被人用超能力透視轉寫到看板上。定睛一看才發現根本不是這回事，那只是當時號稱接近音速（一馬赫）的超高速摩托車的大型廣告罷了。當然，這超高速的速度單位名稱，正是來自於音速研究先驅，也就是當時我腦袋裡在想著的恩斯特・馬赫之名。

講到這裡，就又想起那位以「馬赫文朱」（マッハ文朱）為藝名的女子摔角選手，取這個藝名大約也是因為她能在摔角擂台上使出如超音速一般快速移動的緣故吧。馬赫出生於十九世紀末哈布斯堡王朝的黃昏時代，生活在布拉格和維也納，受到以奧地利小說家霍夫曼史塔（Hugo von Hofmannsthal, 1874-1929）為首的「新銳維也納派」詩人和尼采的推崇，被讚美是「現代性」（Moderne）的象徵。他除了是物理學家，也擅長彈鋼琴和風琴，還跟維也納小說家史尼茲勒（Arthur Schnitzler, 1862-1931）搭檔創作歌劇。如此多才多藝的馬赫，如果知道自己的名字被遠東島國上的女子摔角選手借用來取為藝名，大概在墳墓裡也會覺得很有趣吧。

話說回來，我那時候到底為什麼邊走路邊想馬赫的事呢？原因是這樣的。

一九七〇年我幫岩波新書系寫了一本《現象學》，簡介這個理論，但我那時並不十分清楚二十世紀初這學問的開山祖師胡塞爾是從哪裡找到

「現象學」（Phänomenologie）這個名稱來標誌他的哲學立場。

這顯然不是他自創的詞彙。Phänomenologie 這個字最早是由十八世紀中葉的哲學家朗伯（Johann Lambert, 1728-1777）將 phainomenon（表現／假象）與 logos（語言／法則）這兩個希臘字，以拉丁文文法規則拼出來的，但在哲學史的正式舞台上，除了黑格爾的《精神現象學》之外從未使用過。不過胡塞爾的「現象學」跟黑格爾的《精神現象學》並無直接關係。

一般的說法是，胡塞爾是從他維也納大學的哲學老師布倫塔諾在一八八〇年代末所開設的課程名稱而得到靈感。但據說其實布倫塔諾對這個名稱很不滿意，上課時也沒用過，所以胡塞爾應該是沒機會見到才對。我對此說是有些懷疑，但當年寫《現象學》時，仍然採用這個通行的說法。

後來我又在查別的資料時發現胡塞爾自己在某處曾經明確提到「現象學」概念的由來，只是先前被我無意識地忽略了。一九八〇年我寫《講座：現象學》（『講座・現象学』全四卷，弘文堂出版，1980-1981）第一卷的序論〈什麼是現象學〉（收錄於《現象學的思想》〔現象学の思想〕，筑摩學藝文庫，2000）時，便採用了這個新發現。

一九二八年，胡塞爾在荷蘭阿姆斯特丹演講，一開頭便介紹了「現象學」這個概念的由來。接下來我稍做增刪，將此概念做個簡介。

胡塞爾所提倡的現象學，是十九、二十世紀之交，心理學和哲學努力追求更嚴密的研究方法時的產物。之所以會起這個名字，是因為這種新方法是以布拉格大學物理學家馬赫所提倡的現象學式研究方法為基礎，再進一步改良而成的。當時所謂的精密自然科學中缺乏構成理論的必要基礎，為了克服這一點，馬赫提出了這種新方法。

在那個年代，馬赫所認識的精密科學（exact science），是指以牛頓力學為基礎所發展的「經典力學式的物理學」，於十九世紀中葉終於進步到建立了科學方法，成為任何人都可以學習操作的學科。這樣的物理學認為宇宙有一終極的真相，那就是「力學式的自然」，亦即在絕對空間／絕對時間之中有所謂永恆不變的實體「質點」在運動。其他光學、電磁學、熱力學、化學等所有物理變化都只是這個實體呈現在吾人眼前的表相，只是「單純的現象」。因此，要解釋這些變化，必須先把它們還原成力學運動才行。

但馬赫否定了這種經典力學式的物理學體系，他說「力學式的自然」這種物理學的基礎根本是神話式的、形上學式的世界。絕對空間／絕對時間／質點的絕對運動、所謂的實體、對力的運動的因果關係之推測等，他都認為是人類經驗無法證實的空洞概念。

在馬赫的觀念中，所謂的自然應該是由過去被貶低為「單純的現象」的各種感性元素所構成，亦即透過感官所感受到的「充滿了色、音、熱、壓力等具體內容的空間和時間」。但這些元素並非各自獨立出現，而是和其他的元素透過「函數般的相互依賴關係」彼此連結，只能以一定的複合體型態出現。

他引用達爾文（Charles Robert Darwin, 1809-82）的演化論（theory of evolution）假說，把「思考」當成生物適應環境的方法之一，指出「花費最小的思考，盡可能地完整描述」構築現象界的感性元素之間的種種依賴關係，這就是科學（物理學、生理學、心理學都算）的工作（此即「思考經濟說」）。如果只談物理學的話，熱力學、電磁學、化學、光學等物理學各種分支學門就是以各自方法在描述各自的依賴關係，力學的描述並沒有特權可以凌駕其他學門之上。

這就是馬赫所提倡的「現象學式物理學」，主張以民主主義式的體系，取代經典力學中心的古典物理學體系。連愛因斯坦（Albert Einstein, 1879-1955）都承認，馬赫對絕對空間／絕對時間的批判，對他構思相對論時有很大的影響。

馬赫的影響不只在物理學界。他的現象學背後隱含著他的哲學思想「感性元素一元論」，在他的主要著作《感覺的分析》（*Die Analyse der Empfindungen*, 1886）中有精彩的論述。

在馬赫眼中，現象界的終極元素：顏色、聲音、熱、壓力等，絕非只是吾人的「感覺」而已。它們必須透過特別的相互依賴關係組合在一起，才能成為吾人的感覺；它們自身既不是物體也不是心理作用，既存在於外界也存在於內在，既非客觀也非主觀，而是一種中性元素。當這種元素組成複合體時，能夠成為物理現象被吾人研究；當它與別的複合體組合在一起時，則能成為心理現象被吾人研究。用馬赫的話來講，「物體」或「自我」也不過就是存在比較久的複合體的名稱而已。

「感性元素一元論」對近代哲學中的心物二元論或主客二元論等範式提出批判，主張在理解二元論之前，吾人必須先回歸直接經驗，也就是對「單純的現象」的「純粹經驗」。胡塞爾就是從馬赫這思路得到靈感，自己構思出了規模更宏大的「現象學」。

在胡塞爾現象學誕生的同一時期，完形心理學（Gestalt psychology）也在類似的脈絡中誕生，可惜此處沒有篇幅討論這件事。

此外必須一提的是，此時瑞士蘇黎世大學有一位哲學家阿芬那留斯（Richard Avenarius, 1834-1896），著有《純粹經驗批判》（*Critique of Pure Experience*, 2 vols, 1888-1890），他與馬赫經常通信，都認為對方的思想和自己非常相近，並且都非常推崇對方。外界也經常將馬赫和阿芬那留斯相提並論，但他們終其一生沒見過面，可說是一對奇妙的盟友。阿芬那留斯從精神與身體、主觀與客觀這種古典形上學的觀念中去蕪存菁，提倡回歸純粹經驗的「經驗批判論」。

現在有點年紀的讀者，可能有聽過「托洛斯基主義」（Trotskyism）和被視為小布爾喬亞修正主義之一的「馬赫主義」（Machism，內容幾乎等於「經驗批判論」），這詞在當時具有貶低的意味。這是二十世紀初，流亡到瑞士和義大利的俄羅斯社會民主工黨的一支，代表人物為波格丹諾夫（Alexander Bogdanov, 1873-1928）和盧那察爾斯基（Anatoly Lunacharsky, 1875-1933）所提出的。他們攻擊恩格斯等人粗糙的唯物論，援引馬赫與阿芬那留斯的經驗批判論，企圖改良辯證思考式的唯物論。他們的主張很快就流傳開來，有一段時間連托洛斯基（Leon Trotsky, 1879-1940）跟列寧（Vladimir Lenin, 1870-1924）都表示贊同。

但列寧察覺如此下去，黨很可能陷入分裂危機，於是他寫下《唯物主義和經驗批判主義》（*Materialism and Empiriocriticism [Материализм и эмпириокритицизм]*, 1909）嚴詞批判馬赫主義。接著與其說是藉由理論的力量，不如說是藉由俄國革命成功，列寧確立了權威，完全扼殺了馬赫主義的聲息。再加上這前後，對馬赫與阿芬那留斯深懷敬意的胡塞爾竟也毫不留情地批判起「思考經濟說」（見《理則學研究》[1]，*Logische Untersuchungen*, 2 vols, 1900-1901），可說是以一種奇怪的方式助了列寧一臂之力。

但此後列寧失勢，連他最重視的蘇聯政權也岌岌可危，也許馬赫主義的復興時機已經來臨，難道沒有什麼進行的好方法嗎？——這，就是當時我在那條下坡路上邊走邊想的事啊。

1 譯註：臺灣時報版書名為《邏輯研究》。

第十九回
哲學的青春：尼冉與沙特

「我今年二十歲。我絕不會讓任何人說，這是人生最美的年紀。」這是法國作家保羅・尼冉（Paul Nizan, 1905-1940）的著作《亞丁・阿拉伯》（*Aden Arabie*, 1931）破題第一句，給人的印象新鮮而強烈。日文譯本出版時是一九六六年，正值年輕世代革命熱情最熾烈的時節。

不過這本書的原版並不是在這個時候發行的。一九二六年，本是名校高等師範學校學生的尼冉決定休學，從報紙廣告中找到一份在阿拉伯半島的家教的工作，就這麼離開巴黎。自當年九月到隔年五月，他在葉門亞丁市擔任某個法國商人的家庭教師。三一年，他才出版了《亞丁・阿拉伯》一書。一九三二年他代表共產黨出馬競選參政，也開始在文壇嶄露頭角。但一九三九年德國與蘇聯共黨政府簽訂《德蘇互不侵犯條約》之後，他對共產黨失望透頂，撰文嚴厲批評，決定退黨。這一年九月，第一次大戰就開打了。他受徵召上戰場，隔年五月二十三日被流彈波及，傷重不治，結束了三十五年短暫的生命。

他死後，法國共產黨利用文宣將尼冉抹黑為叛黨的間諜，嚴重詆毀他的聲譽。

但二十年之後，就在世人幾乎徹底遺忘《亞丁．阿拉伯》之際，這本書又重新出版，存在主義思想家沙特還為這本書親自寫序文，回憶兩人年少時的友誼。晶文社的日文版，自然就是從這個版本翻譯的。

在初版發行四十年之後，二〇〇八年池澤夏樹編輯的「世界文學全集」中也再次推出本書的新譯本，非常勾人懷舊之情，我最近還重新回味了一遍。

但此次重讀發現這本書既非小說也非遊記，而是一本哲學式散文。作者是個憤世嫉俗的年輕人，拿身邊的人當出氣筒，說他是戰後英國「憤怒青年」的先驅也不為過。所以並非整本書的文字都像開頭第一句那麼擲地有聲，令人回味無窮。不過，沙特的序文熱情地回憶他和這位「激烈的朋友」尼冉半世紀前的交情，讓身為讀者的我也不禁感到懷念。

可是人在談起年少往事時，話中多少會有些語焉不詳，除非你是當事人，或至少是某種程度在場見證的人，否則這些事情外人經常難以了解。沙特這篇青春回憶錄也是一樣。對我來說難以了解的地方很多，我也不想不懂裝懂。就某個角度而言，他們的關係似乎沒有比較好，但也絕不是沒有些許留戀。

尼冉二十歲逃到亞丁時，沙特還在高等師範學校讀書。我們經常聽到這個學校的名字，但都不太清楚這是一間什麼樣的學校，只知道它是個非常特殊的教育機構。趁這個機會，我想把這學校弄個清楚（不過我並非對法國的學制特別了解，以下資料乃參考自「世界文學全集」版的《亞丁．阿拉伯》中澤田直的解說，與中央公論新社版的「哲學的歷史」第十二卷，同樣由澤田先生所撰寫的專欄《所謂「高等師範學校」》）。

高等師範學校成立於法國大革命時期。一七九四年，國民公會將教育權從原先主宰教育體系的教會組織（例如耶穌會）手上奪回。國家奪回教育權之後陸續成立新式教育體系，高等師範學校便是其中之一，屬於培育優秀菁英的「大學校」（grande école）的一員。校區位於巴黎市文教區拉丁區的中心，占地廣大，從先賢祠（Panthéon）往南延伸到烏爾姆街（Rue d'Ulm）一帶。

一般來說，法國的高中生在畢業時要取得大學入學資格，才能免試進入大部分的大學，成為大學生。

但若大學入學資格成績特別高，就可以進入路易大帝中學（Lycée Louis le Grand）和亨利四世中學（Lycée Henry IV）之類特別設有高等師範學校「預科班」的高中就讀。之後再經過嚴格的考試，才能進入像是高等師範學校這種被稱為「大學校」的名校。高等師範學校現在每年招收百名文科、理科學生，但在一九二四年沙特和尼冉就讀的時代，文科學生中連同日後的政治哲學家阿宏（Raymond Aron, 1905-1983）、科學哲學家聳居廉（Georges Canguilhem, 1904-1995）在內，只有二十八個人。

學生入學之後全部要住校（似乎是到十九世紀末而已，現在可以通學），學校除了提供食衣住，還會發給學生準公務員的薪資（沙特的時代是一個月一百法郎）。

高等師範學校的老師都是一時之選，課程也很紮實，但沒有規定學生一定要上課。學生在巴黎大學取得學分後，就要準備教師資格國家會試（Agrégation）。高等師範學院聘有複習老師（corépétiteur）來幫學生準備應試功課。

據說哲學家柏格森（Henri Bergson, 1859-1941）一九〇〇年出任法蘭西學院哲學教授之前，就是在高等師範學校當複習老師；甚至第二次世界大戰後，連馬克思主義哲學家阿圖色（Louis Pierre Althusser, 1918-1990）、文學批評與哲學家傅柯（Michel Foucault, 1926-1984）、解構主義大師德希達（Jacques Derrida, 1930-2004）等知名思想家也都擔任過複習老師，師資陣容之堅強，真是令人咋舌。只能說高等師範學校這個機構，是擁有某種菁英特權的人才進得去的。

教師資格國家會試是由巴黎大學教授擔任主考官，及格率據說不滿兩成，考上之後才有教師資格。學生當場被分發到各地的高中，若教學表現優秀，就有機會調回巴黎；而當中表現最優秀的人，則有機會被推薦進入巴黎大學或法蘭西學院擔任教授。這就是畢業生出人頭地的道路。

比起其他學校，高等師範學校與其畢業生的連結異常深刻，例如二次大戰後的阿圖色就是顯例。他從學生時代到取得教師資格，之後擔任複習老師，一直都住在學校宿舍，使用校內便利的設施，如圖書館、餐廳、醫務室，接受行政人員的服務，直到一九八〇年十一月十六日殺害妻子愛蓮娜（Hélène Rytman, 1909-1980）這天為止，超過三十年的漫長歲月中一次也沒離開過學校。

✠

再回來談尼冉和沙特。他們兩人第一次碰面是在一九一七年，那年尼冉十二歲，剛進亨利四世中學，而沙特已經在這兒讀了兩年書了。一九二二年，兩人十七歲，一起轉學到路易大帝中學。兩年後他們十九歲時同時考取高等師範學校。這兩個好友被人這樣形容：「他們倆看起來很像，都是中等身高、黑頭髮，而且兩人都有斜視，只不過沙特是外斜視，而尼冉是鬥雞眼。」

然而，隔年二月尼冉陷入憂鬱，經常有自殺的念頭，便不時旅行轉換心情，參加右翼政治運動，甚至考慮是否該進療養院治療，沒想到一九二六年九月他就突然休學跑到亞丁去。沙特等幾個朋友都說：「這未免也太胡鬧了。」但朋友們後來想到「這傢伙喜歡旅行」，也就不再議論此事。誰知隔年五月，尼冉突然又回來了。沙特回憶道：「我們一起去喝一杯，咒罵整個世界。可他對世界的憤怒是純金的，而我的只是鍍金的假貨。」

第二天，尼冉就離開學校搬到未婚妻家裡，加入共產黨。不久後他們結婚了，還請沙特和阿宏當證婚人。接著生了孩子，取得大學教授資格。一九三一年出版《亞丁．阿拉伯》，在法國東南部的里昂近郊的高中教哲學，隔年辭掉工作，開始當專職作家。

這往後一直到一九四〇年尼冉三十五歲去世為止的經歷，前文已經描述過。他死後，阿拉貢（Louis Aragon, 1897-1982）等共產主義作家把他描寫成間諜，企圖把他塑造為叛黨罪人。而沙特則一如前述，寫了相當於半本《亞丁．阿拉伯》篇幅的長序文為尼冉辯護。新版的出版時間是一九六〇年五月。

新版出版不久，在高等師範學校比沙特、尼冉小三屆的學弟梅洛-龐帝讀到這篇序文後，竟將自己在當年二月就寫好序文，即將付梓的新論文集《符號》（*Signes*, 1960）喊停，在序文裡加了一段文字，對沙特那篇序文冷嘲熱諷一番才定稿出版（該篇序文的脫稿日期是「一九六〇年二月與九月」）。梅洛-龐帝是沙特在戰後存在主義運動中的重要戰友，受到沙特大力提攜。但一九五〇年韓戰爆發時，他對沙特是否應與共產主義者同路一事，毫不留情地批評，兩人為此幾近絕交。而梅洛-龐帝在出版論文的隔年一九六一年五月驟逝，《符號》的序文可以說是他最後一篇文章。

或許是受到了梅洛-龐帝之死的影響，沙特在那年十月出刊的《現代》（*Les Temps modernes*, 1945-）雜誌裡發表了一篇情感澎湃的長文〈活著的梅洛-龐帝〉（*Merleau-Ponty vivant*, 1964），追悼這位老友（此文收錄於《處境之四》〔*Situations IV*, 1964〕）。

如果可以將這些史料加以整理，對照二十世紀中葉險峻的國際情勢，解開尼冉、沙特、梅洛-龐帝三人錯綜複雜的心理關係，將會是一件很有意思的事。可惜限於篇幅，再加上我現在也沒有這個能力，或許就留待將來再敘吧。

第二十回
達佛斯的對決：卡西勒與海德格

最近，隨著世界經濟論壇年會等大型國際會議陸續舉辦，達佛斯（Davos）這個位於阿爾卑斯山的高級療養地也經常有媒體報導。我第一次知道這個療養地是看了德國小說家湯瑪斯．曼（Paul Thomas Mann, 1875-1955）的代表作《魔山》（*Der Zauberberg*, 1924），故事的場景就在達佛斯。在這部小說剛出版的一九二〇年代，達佛斯仍然是名副其實的「魔山」——位於要轉好幾趟車才能到達的偏遠寒冷山區。

達佛斯曾一度出現在哲學史中，同樣是在一九二〇年代，而且也一樣幾乎成為歷史轉捩點、象徵新舊勢力交替的對決舞台。

這場對決發生於一九二九年春天的一場「國際大學課程」研討會，這場研討會由瑞、法、德三國政府主辦，在達佛斯大學舉行，從三月十七日到四月六日為期兩週。研討會的主角是德國文化哲學家卡西勒和海德格，主題是他們各自闡述對康德學說的詮釋，議程是二人分別講三次課，最後則是一場兩人都列席的大型研討會，針鋒相對地激辯各自的主張。

這一年卡西勒五十四歲。他出身於德國布雷斯勞（Breslau，現屬波蘭領土）的猶太商人家庭，家境富裕。年輕時在柏林、萊比錫、海德堡等知名大學就讀，最後在馬爾堡（Marburg）大學投入新康德派柯亨門下。他廣泛涉獵哲學、數學、自然科學，以數學／科學式的知識論為基礎詮釋康德哲學，堪稱新康德派中馬爾堡學派的要角。

從一張兩人在達佛斯戶外閒聊的照片看來，卡西勒個子比較高，看起來儀表堂堂、學養過人，頗有貴族的氣派。

卡西勒所屬的新康德派，從十九世紀末到第一次世界大戰為止是歐洲哲學的主流學派。卡西勒自己也像他的老師柯亨一樣，在堅持猶太思想的同時還能以大學教授的身分在德國學術界發展。雖稱不上幸運，但他的發展確實相當順遂。戰後他不但獲得新設立的漢堡大學教職，且在這一次達佛斯對決之後又被選為漢堡大學的校長，是德國首位猶太裔的大學校長。

他的重要學術著作在此時大半都已出版，包括《萊布尼茲體系》（*Leibniz' System in seinen wissenschaftlichen Grundlagen*, 1903）、《近代哲學與科學中的認知問題》（*Das Erkenntnisproblem in der Philosophie und Wissenschaft der neueren Zeit*, 1906, 1907, 1920, 1950）四卷中的三卷、《實體概念與函數概念》（*Substanzbegriff und Funktionsbegriff*, 1910）、《康德的一生與學說》（*Kants Leben und Lehre*, 1918）、《符號形式的哲學》（*Philosophie der symbolischen Formen*〔第一卷〈語言〉，1923、第二卷〈神話式思考〉，1925、第三卷〈認知的現象學〉，1929〕）。

而另一位主角海德格此時三十九歲，比卡西勒年輕十五歲。他比卡西勒矮，同樣是黑髮，嘴唇上方留著小鬍子。黑白照片上雖然看不太清楚顏色，但似乎他的膚色比較深。跟舉止從容的卡西勒比起來，海德格顯得個性乖僻，甚至有點鄉下人的粗俗。

海德格出身德國南部，家鄉是巴登–符騰堡州（Baden-Württemberg）的小鎮梅斯基希（Meßkirch），這一帶都是天主教勢力範圍。他的父親在教堂工作，是製作木桶的工匠，家境並不優渥，海德格是拿天主教的獎學金讀完高中和大學的。

他高中畢業後本來要進耶穌會當修士，但因為健康不佳而離開修會。接著他進入佛萊堡大學神學系就讀，不久轉到哲學系。，第一次世界大戰之後他投入現象學之父胡塞爾門下，被譽為胡塞爾的繼承人。

此時的德國正值戰敗，家園徒剩斷垣殘壁，年輕人一無所有。以認知論為核心的新康德派完全無法解決年輕人當下的苦惱而逐漸式微。不過衰退並非全面性質，好比海德格就會借助現象學的力量來做一些事。他以講師身分在佛萊堡大學開的課，沒什麼特別的理由就在學生口耳相傳之下吸引許多人從全國各地來聽講，海德格因而獲得了「哲學地下皇帝」的封號。

但是海德格要把授課內容化為論文需要花上很長的時間。一九二三年他在馬爾堡大學任兼任教師時，也因提不出論文，只好以「目前準備中的論文」寫成報告接受審查。海德格在論文方面的成就，跟卡西勒完全無法相比。

這麼少的論文產量，似乎影響了他在學術界的晉升。但一九二七年，他終於出版了醞釀多時的《存在與時間》上卷，而且才一出版就獲得「宛如閃電一般劃過天際，瞬間改變了德國哲學界的形勢」的好評，掀起一陣海德格旋風。

在達佛斯研討會之後，他又立刻出版了同樣重要的著作《康德與形上學的問題》。就在這麼巧的時機下而有了這場達佛斯對決。

下面我用幾句話簡單介紹兩人對康德的見解，雖然這其實是無法以一、兩句話說得完的。卡西勒主張，康德認為人類的精神（心）使得文化得以創造，康德的目的就是要擴大人類精神的影響力。海德格則是主張，康德真正的目的是要深掘人類精神的內在，說明人類的精神事實上是立於不可靠的基礎上。這兩種主張南轅北轍，全無妥協餘地。

海德格看起來沒什麼表演才華，但在這兒卻露了一手，令人刮目相看。在寫給當時的女友布洛赫曼（Elisabeth Blochmann, 1892-1972）的信中，他說在研討會的空檔跟友人「去滑了一場很棒的雪」，非常盡興，「充滿了舒暢的疲倦感……傍晚，我就這麼穿著滑雪服在眾目睽睽之下走進大旅館高級的晚宴廳，全場的人都穿著正式的晚禮服」。若真是這樣，海德格這回的驚人表演超過了他的角色所需要的程度，他跟卡西勒恐怕沒有外表看起來那麼南轅北轍。

至於為什麼會說經過達佛斯這場對決，哲學界從此跨入新時代，是因為與會者大多認為這場研討會對此後的思想史產生了一些決定性的影響。

與會者非常多。有德高望重的學者，例如將康德批判主義發揚光大的法國大哲學家布蘭希維克（Leon Brunschvicg, 1869-1944），也有初出茅廬的年輕新銳，例如胡塞爾的弟子芬克（Eugen Fink, 1905-1975）、列維納斯（Emmanuel Lévinas, 1906-1995），以及海德格的學生馬庫塞（Herbert Marcuse, 1898-1979）等人。

當時還是學生的德國教育學家布爾諾（Otto Bollnow, 1903-1991）也受海德格之邀來參加，他說在場的人都「心情很緊張、亢奮，覺得這是歷史性的瞬間，我們躬逢其盛」，「就像歌德在法國大革命時期隨軍遠征法國時，在瓦爾密戰役後說的那句名言，『從今天、從此地開始，新的世界史就要展開，因此各位才會在此聚首，躬逢其盛』，我們也可以說這句話。」

德國思想家布魯門貝格（Hans Blumenberg, 1920-1996）更大膽地以十六世紀德國宗教改革者馬丁・路德（Martin Luther, 1483-1546）和基督教神學家、瑞士宗教改革者慈運理（Huldrych Zwingli, 1484-1531）的宗教辯論「於世俗的再現」來形容這場哲學對決，可惜我資質駑鈍，無法了解他的意思。

當時也與會的胡塞爾學生列維納斯是法國人，那時他正好在德國。後來他在某次訪談中回憶當時情景，說卡西勒的舉止令人毫無感動之處，不禁感嘆對他個人而言這代表「某種人文主義的終結」，而在場的年輕學子也許覺得自己正置身於「世界的創造與終結」之處。

但比海德格年輕兩歲的維也納學派（Vienna Circle）領袖、邏輯實證主義（logical positivism）者卡納普（Rudolf Carnap, 1891-1970）對這次研討會的感受，則跟布爾諾他們截然不同。他跟海德格一起散步、喝咖啡，被海德格毫不矯飾的真誠語言所打動，認為海德格是個非常有魅力的人（研討會之後，卡納普就開始埋頭研讀《存在與時間》）。

卡納普也說卡西勒很親切地來跟自己說話，他對整個研討會的印象是大家都很友善。

跟丈夫同行的卡西勒夫人東妮（Toni）在日後回憶道：「海德格想要

毀滅卡西勒的哲學」，研討會前也有風聲說她對海德格懷有敵意，不過在會場完全聞不出煙硝味。海德格也在寫給女友的信中說他這次與卡西勒見面，個人收穫甚豐。

但從三、四十年之後我們這些後輩的眼光看來，姑且不論上述他們表面上的人際互動關係，達佛斯這場對決確實在思想史上具有關鍵性的意義。

一如前述，卡西勒在這場研討會後的隔年出任漢堡大學校長，但是一九三三年納粹上台後他就逃離德國前往英國牛津大學任教，三五年轉往瑞典哥德堡大學，接著又在四一年渡海赴美，在耶魯大學與哥倫比亞大學執教，一九四五年戰爭尚未結束就病逝美國，客死他鄉。

海德格則是在一九三三年出任佛萊堡大學校長，同時加入納粹黨，號稱「戰鬥校長」，一言一行都表明他的親納粹立場。但他在黨內的鬥爭失敗，一年後被撤銷校長職務。戰後他雖因戰爭中的言行而被懲處禁止參與公職，消沉了好一陣子，但退休後便開展後期深刻的思想工作，晚年生活還算平靜。這樣看來，也不能說沒有幾許命定的成敗。

我雖然是因為海德格而一心想進大學念哲學系，但我跟卡西勒也頗有緣分。

我的一位朋友正預備翻譯卡西勒的經典《符號形式的哲學》（*Philosophie der symbolischen Formen*, 1923, 1925, 1929）時不幸撒手人寰，於是我便接手了這份翻譯工作。這本書共三卷，原書有一千兩百頁，在幾位年輕友人協助下，過程中雖然中斷了幾次，最後總算完工，在岩波文庫分成四冊出版，總共兩千頁，花了十三年的時間。翻譯期間我自然讀了不少他的傳記類資料。

卡西勒可能有心理學所謂的全現心像（eidetic images）能力，他看過、讀過的東西都能像照相一樣分毫不差地印在腦中，他的夫人東妮，以及位於漢堡的特色私立圖書館瓦堡圖書館（Warburg Institute〔現已遷移至倫敦大學〕）館員薩克斯爾（Fritz Saxl, 1890-1948）都證明過這件事。卡西勒可以在手邊沒書的狀況下直接引用幾乎所有的經典文本，也可以在不做任何筆記的情形下把剛讀過的東西相當正確地引述出來。

老師柯亨覺得這很有趣，據說他會叫卡西勒把古典文學、古典哲學的典籍花幾個小時背誦下來，有時也會叫他背當代作家的作品，例如尼采或德國詩人斯特凡・喬治（Stefan Anton George, 1868-1933）的書。

出於旺盛的好奇心，卡西勒在腦中積蓄了淵博的知識，這些知識成就了他的著作。因著這些知識，他擅長比別人早一步看出若隱若現的未來，看出主宰世界的新準則，他企圖以這些發現為基礎創造出新的文化。但這種企圖肯定是有時代限制的。

以我經手過的《符號形式的哲學》為例，這本書寫於一九二〇年代，當時許多科學知識尚未誕生。那時代的物理學領域中，從相對論發展出來的「場（field）的理論」的世界觀已為人所知，但量子力學仍僅初具雛形。語言學領域也一樣，索緒爾（Ferdinand de Saussure, 1857-1913）和布拉格學派（Prague School）的結構語言學尚在醞釀中。在神話學、宗教史學、民族學、文化人類學的領域，則是瑞士心理學家榮格（C. G. Jung, 1875-1961）、羅馬尼亞神話學家克雷尼（Karl Kerenyi, 1897-1943）、德國民族學先驅費羅貝紐斯（Leo Frobenius, 1873-1938）、德國民俗學者勞佛（Otto Lauffer, 1874-1949）、波蘭人類學者馬凌諾斯基（Bronislaw Malinowski,

1884-1942）、羅馬尼亞宗教學者伊利亞德（Mircea Eliade, 1907-86）、法國比較神話學者杜美吉爾（Georges Dumézil, 1898-1986）、法國哲學家利科（Paul Ricœur, 1913-2005）、蘇聯文學結構主義學者普羅普（Vladimir Propp, 1895-1970）、法國文化人類學家李維－史陀（Claude Lévi-Strauss, 1908-2009）等人都還未站上舞台的時刻。而生命科學、動物行為學、完形心理學等領域更是都還在搖籃期。很明顯地，卡西勒的學說是受到時代限制的。

也許是因為個人如何努力也無法突破時代的無情束縛，也許是因為遇上了像瘟神一樣的對手海德格，總之他們對決之後，不幸就緊緊跟著卡西勒，我對他只能寄予深深的同情。

第二十一回

某種訣別：海德格與洛維特

這本書所談到的哲學家，越接近現代似乎就越沒名氣，對讀者實在有些不好意思。而且都是跟我身邊有關的人事物，此處尚請讀者海涵。

這次要介紹的卡爾・洛維特（Karl Löwith, 1897-1973）一九三六年末到四一年初夏，曾受邀到東北帝國大學的哲學系任教，在日本仙台待了五年左右，我的老師與系上的前輩都深受其影響。說他是在哲學史上留名的學者又同時算是「我身邊」人，也算說得過去吧。

洛維特是海德格最早的學生之一。《存在與時間》的作者海德格雖然曾是納粹的熱情支持者，但仍然被公認為二十世紀具代表性的重要哲學家，這一點我在本書中已經講了好幾次，應該不必再說明了。第一次世界大戰後，海德格還在佛萊堡大學當講師時，洛維特就已經出現在他的課堂上。

洛維特在慕尼黑出生，他父親是已經認同德國的猶太裔藝術家。一次大戰時洛維特志願從軍，後來在戰場上受傷被俘，在義大利過了兩年的俘虜生涯。一九一七年他獲得交換俘虜的機會回到德國，但當初的傷勢已經影響到他的健康，便退役回到老家，在慕尼黑大學攻讀哲學與生物學。一九一九年慕尼黑因德國戰敗陷入動亂，他便在那年春天遷居到佛萊堡。

一開始他是想上現象學之父胡塞爾的課，但自從聽過當時還籍籍無名的胡塞爾學生海德格的課之後，便深深著迷於海德格那熱情澎湃的演講魅力，遂放棄了胡塞爾。他和幾個好友暱稱海德格為「梅斯基希（海德格家鄉）的小魔術師」，有時又尊他為「哲學地下皇帝」，還經常到海德格家拜訪，堪稱海德格的忠實粉絲。

一九二三年，海德格獲馬爾堡大學聘為兼任教師，離開佛萊堡，洛維特也在此時回到慕尼黑大學，去找以前的老師莫里茨．蓋格（Moritz Geiger, 1880-1937）指導，以研究尼采的論文取得博士學位（因為當時海德格還沒有指導博士論文的資格）。不過，一九二四年洛維特復又追隨海德格的腳步來到馬爾堡大學，請他指導教授資格論文。

一九二七年二月，海德格在《哲學與現象學研究年鑑》（*Jahrbuch für Philosophie und phänomenologische Forschung*, 1913-1930）上發表《存在與時間》之後，洛維特亦步亦趨似地也在同一時間發表論文，獲得學界激賞並順利取得教師資格。這篇論文隔年出版，書名為《個體在同胞中的角色》（*Das Individuum in der Rolle des Mitmenschen*, 1928），洛維特遂在一九三一年夏季學期成為馬爾堡大學的正式講師。

然而，海德格已於一九二八年的冬季學期又回到佛萊堡大學，接任胡塞爾退休後的位子。不久，納粹黨於一九三三年執政，同年海德格被選為佛萊堡大學校長，並加入納粹黨積極支持納粹活動，號稱「戰鬥校長」。

此時，納粹政府頒布了禁止德國猶太人擔任公職的法令，但有一項「前線條款」，意即曾經為國出征、上過戰場的人不在此列。洛維特雖然適用，但他沒有利用這項法條留在德國。那時他已得到洛克斐勒財團的獎學金預定前往義大利深造，便在一九三五年希特勒頒布種族淨化政策之際避居羅馬。

但是猶太人在義大利的日子也越來越難過，洛維特在羅馬只待到隔年便被迫離境。一九三六年六月，透過馬爾堡大學時期的日籍知交九鬼周造的牽線，洛維特好不容易獲得了日本東北帝國大學的聘任，便從那不勒斯港搭上日本諏訪號郵輪流亡到日本。

一九四〇年，美國哈佛大學舉辦了一項有獎徵文，徵求德國籍的流亡者寫下他們對一九三三年前後的德國印象和個人生活。洛維特當時還在日本，也寫了長篇的報告參加這項徵文。這份報告在日後出版，其實是一本非常有趣的前半生自傳，我寫這篇文章時，有許多資料都是參考此書而來[1]。

洛維特在羅馬的最後一段時間見到了久未謀面的海德格，這也是他流亡之前跟老師的最後一次相聚。海德格一九三三年當上佛萊堡大學校長，才一年的時間就因為在納粹黨中鬥爭失勢而下台。他開始沉潛於思想工作，但仍隨時戴著納粹黨員的徽章，可見尚未完全放下對政治的熱情。而那時的洛維特則已經是個「逃亡中的猶太人」。這對師徒的再度聚首與訣別，就在一九三〇年代歐洲複雜的政治情勢中上演，實在是充滿了戲劇性。

一九三六年四月二日，海德格受邀前往羅馬的義大利暨德國文化中心演講，講題是「荷爾德林與詩的本質」，夫婦倆帶著孩子一家四口都到了羅馬。四月八日他在同一地點還有另一場演講「歐洲與德國哲學」，因此應該是在羅馬逗留約一個禮拜。

二日那天，荷爾德林的演講結束後，海德格夫婦來到洛維特住處，發現他們竟然沒有把藏書帶來羅馬，顯得非常驚訝。當晚，洛維特跟海德格回到文化中心安排他們下榻的房間，海德格夫人「用一種友善但僵硬的表情，淡淡地跟我打了招呼」。洛維特又加了一句，「她大約感到難堪，因為她記得我從前是多麼頻繁地在她家裡作過客。」同一個晚上，義德文化中心的主任作東請他們吃小牛膝料理，大家都避開了政治話題。

隔天，洛維特夫妻跟海德格一家到近郊的歷史名城去遊覽。途中兩人打開話匣子談起跟義大利有關的話題，也聊到佛萊堡和馬爾堡，又討論了

1 譯註：中文版為《一九三三：一個猶太哲學家的德國回憶》，區力遠譯，行人文化實驗室。以下引文皆引自此書。

哲學上的問題，全都是那麼地開心。但就連在這樣私人的場合，海德格也完全沒有要把別在外套上的納粹黨員徽章取下的意思。洛維特對這件事情如鯁在喉，非常在意。

海德格這天的談話雖然很友善，但始終刻意避開德國政局和自己的政治立場不談。歸途中，洛維特主動提起《新蘇黎世日報》上的論戰，說自己不認同瑞士神學家卡爾．巴特（Karl Barth, 1886-1968）對老師的抨擊，也不贊同蘇黎世大學德國學教授艾米爾．史臺格（Emil Staiger, 1908-1987）對他的擁護。洛維特說，他自己認為老師對納粹的支持，根本就是老師哲學本質的一部分。海德格聽了表示完全同意，並不斷地告訴洛維特他堅信唯有納粹主義才能明示德國的發展方向。

兩人就此別過。十月，洛維特出發航向遙遠的日本。後來洛維特寫過信、也寄過書給他，但海德格僅是默然以應。

不久，一九三八年四月二十七日，胡塞爾在佛萊堡病逝。住在同一座城市的海德格曾把自己第一本著作呈獻給胡塞爾，但此時洛維特是這麼描述他的：「海德格證明他對老師的『尊崇與友誼』（這是他一九二七年把作品獻給胡塞爾所用的獻詞）的方式，就是沒有費心表示過一句紀念或哀悼的話——或者他根本不敢。公開與私下的場合都沒有，口頭與文字上也都沒有。」此時他對海德格的心情，大約已經確定是訣別了吧。

如果這兩人就此再也沒有碰頭，那麼他們的關係就會演變成某種悲劇性的結束。但，歷史並不是一直都這麼戲劇性。

洛維特住在仙台時，寫了《從黑格爾到尼采》（*From Hegel to Nietzsche*, 1941）。珍珠港事變前半年他離開日本，前往美國。到美國之後，在康乃狄克州的哈特佛大學（University of Hartford）和康乃狄克大學（University of Connecticut）開設神學講座。二次世界大戰結束後他仍留在美國，一九四九年獲聘到紐約著名的流亡者大學「社會研究新學院」（New School for Social Research，現名為「新學院」〔The New School〕）任教。

洛維特終於回到德國，已經是一九五二年的事了。舊友高達美（Hans-Georg Gadamer, 1900-2002）當時在海德堡大學，邀請洛維特回國到海德堡大學擔任教授。

德國戰敗後，海德格和納粹之間的關係在社會上引起很大的爭論，法國軍政當局禁止他在大學任教。在海德格昔日學生又是情人的漢娜・鄂蘭和舊識雅斯培的奔走之下，一九四九年七月，當局終於將其與納粹的關係定調為「未曾服從的同路人」。一九五〇／五一年冬季學期，他恢復了教職，在確定保住了名譽教授的退休金之後，他就立刻辦理退休。

不用說，海德格支持納粹的行為後來依然不斷受到輿論撻伐，但他後期的思想確實也逐漸對德國、甚至全世界產生了巨大的影響。

在對海德格聲勢漸弱時的圍剿聲中，到最後仍然不肯收起討伐之劍的就是洛維特。海德格曾寫過一本對德語詩人里爾克（Rainer Maria Rilke, 1875-1926）詩作的評論《貧瘠時代的詩人》，洛維特就諧擬這個書名，出版了一本批判海德格的書《海德格：貧瘠時代的思想家》（*Heidegger: Denker in dürftiger Zeit*, 1953）。洛維特認為世界的本質是自然，而海德格認為世界的本質是歷史，這本書就是洛維特以自己的哲學觀對海德格的挑戰。

而海德格這廂，對洛維特的敵意也未曾消散。他在一九五二年給漢娜・鄂蘭的信中寫道：「很明顯洛維特什麼也沒學通。一九二八年時，

《存在與時間》對他來說是『偽神學』。一九四六年他則說這是如假包換的無神論。現在呢？他又要怎麼形容這本書了？」

然而在一九六九年海德格八十歲的壽宴上，洛維特還是向老師道歉，請求老師的原諒。願意和解的原因洛維特並未解釋，不過我自己倒是很想請求洛維特不要這麼做。

在本篇的開頭我寫著因為洛維特戰前曾在仙台住過因此可算是「我身邊」的哲學家，但事實上並不到這個程度。戰後他再度訪日，一九五八年時從北海道大學到九州大學，從北到南在好幾家國立、私立大學舉行演講或密集課程。我當時還是東北大學的學生，也上了他四、五天的「世界與世界史」，得以親睹他的風采。

洛維特會先準備三、四十張刻鋼板油印的講義（那時還沒有影印機）給學生。他一進教室站上講台，就拿起講義從上一堂結束的地方面無表情開始念，一直念到下課聲響，說句「下課」便立刻起身離開。完全沒有「大家好」，也沒有「二十年前我曾在仙台住過，好懷念啊」這種開場白。一句廢話也沒有，一點感傷也看不出來，真是有夠酷的。

德語裡有個字叫做nüchtern，大約是「沒喝醉」、「很清醒」、「殺風景」、「不親切」之類的意思，我上過洛維特的課之後，就可以完全體會這個字的微妙含意。洛維特這麼nüchtern，我實在很想拜託他一定要跟海德格對戰到底！

這對師徒橫跨半世紀親近又深刻的關係，談不上是有美麗結局的佳話，以哲學連續劇的觀點來看，完結篇也不太令人滿意。

一九七三年，弟子洛維特先一步離開人世。為師的海德格則在三年後的一九七六年追隨弟子的腳步與世長辭。

國家圖書館出版品預行編目（CIP）資料

哲學散步 / 木田元著 ; 黃千惠譯. -- 初版.
-- 臺北市 : 蔚藍文化 , 2017.05
面； 公分
ISBN 978-986-94403-1-8（平裝）

1. 西洋哲學史

140.9 106003646

哲學散步

作　　者／木田元
譯　　者／黃千惠
社　　長／林宜澐
總 編 輯／廖志墭
特約編輯／潘翰德
書籍設計／小山絵
內文排版／藍天圖物宣字社
出　　版／蔚藍文化出版股份有限公司
地址：10667臺北市大安區復興南路二段237號13樓
電話：02-7710-7864
傳真：02-7710-7868
讀者服務信箱：azurebks@gmail.com

總 經 銷／大和書報圖書股份有限公司
地址：24890新北市新莊市五工五路2號
電話：02-8990-2588

法律顧問／眾律國際法律事務所　著作權律師／范國華律師
電話：02-2759-5585
網站：www.zoomlaw.net

印　　刷／世和印製企業有限公司
定　　價／300元
I S B N／978-986-94403-1-8

初版一刷／2017年5月